Die Fünf »Tibeter«

Hausmitteilung für »Tibeter«-Entdecker

Die Verfasser und Herausgeber dieses Buches sind keine Mediziner und können insofern auch keinen ärztlichen Rat geben. Die mitgeteilten Gedanken, Methoden und Anregungen bieten keinesfalls Ersatz für das beratende Gespräch mit Personen, die zur Ausübung von Heilberufen zugelassen sind. Jede Leserin, jeder Leser soll auch weiterhin für das eigene Tun und Lassen selbst verantwortlich sein. Eine Haftung für etwaige Personen-, Sach- oder Vermögensschäden ist insofern ausgeschlossen.

Vor den Erfolg haben die Götter die Achtsamkeit gesetzt.

Das Versprechen, das Ihnen die Fünf »Tibeter« geben, ist kein geringes: Zugang zu Ihrer ungenutzten Lebensenergie und Wohl-Sein mit Körper, Geist und Seele. In Wahrheit geben Sie sich das Versprechen selbst – und nur Sie selbst können es einlösen!

Gönnen Sie sich also etwas: Geben Sie sich Spielraum und genügend Zeit – und die Freude der kleinen Schritte. (Die großen Schritte sind ohnehin nicht «machbar», vielmehr ein bewußtes Geschehenlassen.) Tatsächlich wird nur so die wohltuende Wirkung schnell – auch wenn dies widersprüchlich erscheint – und nachhaltig erreicht.

Um dieses kleine Übungsprogramm solide aufzubauen, ist es wichtig, jede Übung ***zunächst nur dreimal*** *auszuführen, und das möglichst jeden Tag, ein bis zwei Wochen lang. Dabei entwickeln Sie ein neues Körperbewußtsein und fangen an,* ***wirklich achtsam mit Ihrem Körper umzugehen*** *und auf seine Signale zu hören (wann haben Sie das zuletzt getan?). Schließlich, wenn sich* ***das tiefe Atmen und das leichte Üben*** *genau so anfühlt: leicht und tief, fügen Sie nach und nach jeweils zwei Wiederholungen hinzu. Dies alles ist im Folgenden gründlich beschrieben. Und – niemand muß 21mal jede Übung ausführen, um das «Versprechen» einzulösen …*

Menschen mit Rückenproblemen und Schwangeren kann eine kompetente Beratung helfen, die Fünf »Tibeter« zu ihrem Besten zu nutzen. Wer sich nicht ganz gesund fühlt, sollte vor Übungsbeginn besser noch den Arzt aufsuchen. Wenn Sie für Ihre Übungspraxis erfahrene pädagogische Begleitung suchen oder sonstige Fragen haben, benutzen Sie bitte die Fünf-»Tibeter«-Hotline, Telefon 0 88 08/9 10 96.

Peter Kelder

Die Fünf »Tibeter«®

Das alte Geheimnis aus den Hochtälern des Himalaja läßt Sie Berge versetzen

Aus dem Englischen
von *Christopher Baker*

Neu herausgegeben und erweitert
von *Manfred Miethe*

Einführung
von *Chris Griscom*

INTEGRAL

Die Originalausgabe erschien unter dem Titel «Ancient Secret of the Fountain of Youth, Book 1» bei Harbor Press, Gig Harbor, Washington.
Einzig berechtigte Übersetzung aus dem Englischen von Christopher Baker.
Neu herausgegeben und erweitert von Manfred Miethe.

43. Auflage, 1997

Einbandgestaltung: Zembsch' Werkstatt, München,
unter Verwendung eines Fotos von Helga Belohlawek, München

ISBN 3-502-25004-9

Inhalt

Das Geheimnis, das Sie Berge versetzen lässt

Nützliche Informationen für die Übungspraxis

Vorwort zur amerikanischen Ausgabe

von *Harry R. Lynn**

Dieses wunderbar einfache Buch ist nicht für jedermann. Sie sollten es nur dann lesen, wenn Sie die unsinnige Vorstellung akzeptieren können, daß der Prozeß des Alterns rückgängig gemacht werden kann. Sie sollten es nur dann lesen, wenn Sie zu glauben wagen, daß die «Quelle der Jugend», früher auch «Jungbrunnen» genannt, wirklich existiert. Wenn Sie sich hartnäckig an die vorherrschende Meinung klammern, daß solche Dinge unmöglich sind, dann verschwenden Sie beim Lesen dieses Buches nur Ihre Zeit. Wenn Sie dagegen akzeptieren können, daß das «Unmögliche» wirklich im Bereich Ihrer Möglichkeiten liegt, dann warten Belohnungen im Überfluß auf Sie.

Soweit ich weiß, ist Peter Kelders Buch die einzige schriftliche Quelle der unbezahlbaren Informationen, die es enthält: fünf uralte tibetische Riten, die den Schlüssel zu anhaltender Jugend, Gesundheit und Vitalität darstellen. Jahrtausendelang wurden diese scheinbar magischen Riten in abgelegenen Klöstern des Himalaja als Geheimnis bewahrt. Erstmals wurde die westliche Welt durch die Originalausgabe von Peter Kelders Buch vor 60 Jahren auf die Fünf »Tibeter« aufmerksam. Seit dieser Zeit ist das Buch und sein außerordentlicher Reichtum an Information weitgehend verlorengegangen und in Vergessenheit geraten. Der Zweck dieser neuen, überarbeiteten Auflage ist es, Peter Kelders Botschaft wieder öffentlich zugänglich zu machen, in der Hoffnung, daß sie möglichst viele Menschen erreicht und ihnen damit helfen wird.

Peter Kelder, der bei Adoptiveltern im Mittleren Westen der Vereinigten Staaten aufwuchs, verließ sein Elternhaus bereits als

* Harry R. Lynn ist der Verleger von Harbor Press und Herausgeber der amerikanischen Originalausgabe der Fünf »Tibeter«.

Teenager und begab sich auf eine abenteuerliche Reise, die ihn in viele weit entfernte und exotische Länder führen sollte. Aus ihm wurde ein gebildeter, eleganter und sprachgewandter Mann, der sich in mehreren Sprachen unterhalten konnte. Zeit seines Lebens ist er ein Liebhaber von Büchern und Bibliotheken, von Sprache und Dichtkunst geblieben.

Kelder behauptet, daß Colonel Bradford (das Pseudonym für die Hauptfigur des Buches) ein leibhaftiger Mensch ist, der tatsächlich Tibet bereist hatte, und dem er in den dreißiger Jahren in Kalifornien begegnete, wo dieses Buch geschrieben wurde.

Es ist unmöglich zu sagen, ob Peter Kelders [Rahmen-] Geschichte von Colonel Bradford auf Fakten, Fantasie oder einer Mischung aus beidem beruht – aber ich kann persönlich die Gültigkeit der fünf Übungen oder «Riten» bezeugen. Meine eigene Erfahrung mit der Anwendung der Fünf »Tibeter« sowie die vieler Freunde beweist zu meiner vollsten Zufriedenheit, daß sie tatsächlich wirken! Ich kann nicht versprechen, daß die Übungen Ihr Alter um 50 Jahre verringern oder Sie über Nacht verwandeln werden oder Sie 125 Jahre alt werden lassen. Aber ich bin sicher, daß sie jedem helfen können, sich um Jahre *jünger zu fühlen* und auch so *auszusehen,* an Vitalität zu gewinnen und größeres Wohlbefinden zu erlangen. Wenn Sie die Riten täglich ausführen, sollten Sie schon nach einem Monat die ersten Resultate feststellen. Nach ungefähr zehn Wochen werden Sie wahrscheinlich anfangen, entscheidenden Gewinn daraus zu ziehen. Doch gleich in welchem Tempo sich die Fortschritte bei Ihnen zeigen, ist es immer ein aufregender Moment, wenn Ihre Freunde beginnen, Bemerkungen darüber zu machen, daß Sie jünger und gesünder aussehen.

Wenn die fünf Riten also wirken, ist die große Frage: wie? Wie können diese einfachen Übungen so tief in den Alterungsprozeß des Körpers eingreifen? Es ist interessant, daß Peter Kelders Erklärung, die Sie gleich lesen werden, durch neuere wissenschaftliche Erkenntnisse Unterstützung findet. Die Kirlian-Fotografie, die den Körper von einem unsichtbaren elektrischen Feld, der «Aura», umgeben zeigt, untermauert die Annahme, daß wir von einer Form von Energie «genährt» werden, die das ganze Universum durchdringt. Es trifft ebenfalls zu, daß die

Kirlian-Aura eines jungen, gesunden Menschen anders aussieht als die eines alternden, kränklichen Menschen.

Ich bin der Überzeugung, daß diese universelle Energie die Funktionen des endokrinen Drüsensystems des Körpers beeinflußt. Die Hormone, die von diesen Drüsen produziert werden, regulieren sämtliche Körperfunktionen. Die medizinische Forschung hat in der letzten Zeit überzeugende Beweise dafür entdeckt, daß sogar der Alterungsprozeß hormongesteuert ist. Es scheint, daß die Hypophyse ab dem Einsetzen der Pubertät damit beginnt, ein «Todeshormon» zu produzieren. Dieses «Todeshormon» beeinträchtigt offenbar die Fähigkeit der Zellen, aus aufbauenden Hormonen, wie etwa dem Wachstumshormon, Nutzen zu ziehen. Als Ergebnis davon verschleißen unsere Zellen und Organe allmählich, um schließlich abzusterben. Mit anderen Worten, der Alterungsprozeß fordert seinen Tribut.

Meine Erklärung für die Wirkung der Fünf »Tibeter« ist die, daß diese Riten in der von Peter Kelder beschriebenen Weise die *Nutzung der universellen Energie* durch den Körper *wieder ins Gleichgewicht* bringen. Dies wiederum hat die höchst vorteilhafte Wirkung, das «Todeshormmon» zu blockieren und die Hormonerzeugung des endokrinen Systems zu normalisieren. Wenn dies erreicht ist, können die Körperzellen sich wieder vermehren und gedeihen, wie sie es taten, als wir Kinder waren. Wir können sehen und fühlen, wie wir «jünger» werden.

Sie mögen dieser Theorie zustimmen oder auch nicht. Und beim Lesen dieses Buches werden Sie auf viele weitere Punkte stoßen, denen Sie zustimmen können oder auch nicht. Ich zum Beispiel stimme nicht mit allen Empfehlungen Peter Kelders überein, die gesunde Ernährung betreffen. Dies jedoch ist wichtig: Lassen Sie es nicht zu, daß abweichende Meinungen Sie vom zentralen Anliegen dieses Buches ablenken – dem Nutzen, den Sie aus der Ausführung der Fünf »Tibeter« ziehen können.

Wie bei allen Belohnungen wird sich auch hier der Gewinn nur als Ergebnis Ihrer Bemühungen einstellen. Sie müssen bereit sein, ein klein wenig Zeit und Energie zu investieren, um die Riten regelmäßig Tag für Tag auszuüben. Wenn Sie nach ein paar Wochen das Interesse verlieren und die Riten nur noch gelegentlich ausführen, können Sie nicht die bestmöglichen Ergebnisse erwarten. Doch glücklicherweise empfinden die meisten Menschen die tägliche Durchführung der Riten nicht nur als einfach, sondern sogar als Vergnügen.

Wenn Sie dieses Buch lesen und damit beginnen, die Fünf »Tibeter« zu Ihrem Nutzen anzuwenden, behalten Sie bitte zwei Dinge im Gedächtnis: Seien Sie sich erstens bewußt, daß Sie ein wunderbarer und besonderer Mensch sind und über begrenzte Gedanken und Überzeugungen hinaussehen können. Wäre es anders, dann hätte dieses Buch nicht Ihre Aufmerksamkeit erregt. Und seien Sie sich zweitens bewußt, daß Sie es verdienen, daß Ihre innigsten Sehnsüchte in Erfüllung gehen – sogar die Sehnsucht nach erneuerter Jugend und Vitalität. Diejenigen, die sich im tiefsten Inneren als unwürdig empfinden, sind auch die, die nie einen Anteil an den Belohnungen des Lebens zu bekommen scheinen.

Wenn Sie vor sich selbst die höchste Achtung haben und wissen, daß Sie des Allerbesten würdig sind, was das Leben zu bieten hat, dann kann man wirklich sagen, daß Sie sich *selbst lieben.* Und dies befähigt Sie, sich wohlzufühlen mit der Person, die Sie sind, und dies wiederum beschleunigt den Erneuerungsprozeß beträchtlich. Diejenigen, die sich selbst nicht mögen oder sich als unzulänglich empfinden, tragen eine Last, die die andauernden Auswirkungen des Alterns und schlechter Gesundheit nur beschleunigen kann. Wer sich selbst bereichert durch den Schatz der Eigenliebe, macht alle Dinge möglich.

Es gibt nur eine Möglichkeit, herauszufinden,
ob die fünf Riten bei Ihnen wirken oder nicht,
und die besteht darin, sie auszuprobieren.
Probieren Sie sie aus, und geben Sie ihnen eine faire Chance,
zum Erfolg zu führen.

Einführung zur deutschen Ausgabe

von *Chris Griscom**

Meine Freunde,

rund um die Welt geht ein vernehmliches Raunen durch alte spirituelle Orden, die für Jahrhunderte die Geheimnisse des Lebens unter Verschluß hielten. In praktisch jeder traditionellen mystischen Vereinigung weiß man heute, daß dieses Wissen, so sorgsam von wenigen Auserwählten gehütet, nun zum ersten Mal der ganzen Menschheit zugänglich sein muß.

Vom tieferen Verständnis des Lebens getrennt, hat die Menschheit sich von der Natur abgespalten und somit ihren Weg verfehlt. Wir haben unseren Platz in einer Welt verloren, die unsere aktive Anteilnahme verlangt – eine Welt, die nach klarem Erkennen unseres eigenen wahren Seins ruft und von Gesetzen all jener Wirklichkeiten flüstert, die jenseits unseres Verstehens zu liegen scheinen. Dennoch müssen wir versuchen zu verstehen; unsere unbewußte Torheit führt uns sonst in den Abgrund.

Wir sind heute soweit, daß wir uns als Opfer unseres Lebens sehen. Und da uns jeglicher Sinn für innere Meisterschaft fehlt, entwickeln wir eine verzweifelte Besessenheit, an unseren Masken festzuhalten und uns zu erfahren, indem wir uns in die Welt projizieren.

Die Wahrheit ist, daß wir nicht erwarten können, unsere Rolle als machtlose Zuschauer zu ändern, solange wir nicht unmittelbar erkennen, daß wir fähig sind, die größeren Gesetze zu begreifen, die die göttlichen Geheimnisse von Leben und Tod bestimmen.

* Chris Griscom, Bestsellerautorin und international erfolgreiche Seminarleiterin, war eine der ersten, die die Fünf »Tibeter« in ihrer Arbeit einsetzte.

Überall auf der Welt haben die Menschen damit begonnen, diese Geheimnisse zu suchen und mit der Entdeckung ihrer selbst, ihres physischen und feinstofflichen Körpers den Anfang gemacht. Wir sind der große Übungsplatz für diese Geheimnisse; was in unserem eigenen Körper geschieht, das spiegelt die ganze Welt wider. Während wir verzweifelt den zerstörerischen Lauf von Geburt, Alter und Tod verfolgen, werden wir auch motiviert, einen Ausweg aus diesem verdummenden Lebensmuster zu suchen.

Es gibt einen Ausweg, es hat ihn immer gegeben! Alter ist kein vorbestimmtes Ende, es ist keineswegs ein unvermeidbares Ergebnis von Leben. Es ist ganz einfach ein Widerhall unseres Rückzugs aus dem physischen Körper. Wenn wir nicht lernen, mit dem Bewußtsein unseres Körpers in Verbindung zu treten, dann kann sich dieser nicht seines Potentials als «Lichtkörper» bewußt werden; als Lichtkörper, gelenkt durch höhere kosmische Gesetze, die uns die Illusion körperlichen Verfalls zeigen. Unsere DNS-Spirale liefert den Mechanismus, der jede Zelle vollkommen kopiert. Das bedeutet, daß die Zellen, wenn sie absterben, durch neue ersetzt werden, und dies in einer zeitlosen Folge der genetischen Vollendung. Warum altern wir dann – mit allen negativen Folgen? Die Wissenschaft rätselt darüber seit der Entdeckung der DNS.

Alle großen Heiligen und Meister haben die Antwort gewußt. Sie liegt im Tanz der Beziehung zwischen der Form und dem Formlosen – darin, wie diese beiden göttlichen Zustände des Seins sich gegenseitig beeinflussen, um Leben zu erhalten. Unsichtbare Lebensenergien sind der Ursprung aller Dinge und ihr Entwurf. Wir können wie Sucher aller Zeiten ihre Existenz erfahren und die Gesetze ihrer Verteilung und ihres Flusses lernen.

Es gibt Wege, diesen Fluß der Energie, der in und um den physischen und feinstofflichen Körper kreist, so zu verstärken, daß das gesamte körperliche Netzwerk verjüngt wird. Große Meister verbrachten ihr ganzes Leben damit, die notwendige Fertigkeit zu entwickeln, um diese Ströme zu lenken und zu beherrschen, die die endokrinen Drüsen wie auch die großen und kleinen Organe des Körpers nähren. Nun endlich beginnt das Ergebnis ihrer Arbeit sich in der westlichen Welt auszubreiten.

In diesem faszinierenden Buch von Peter Kelder lernen wir die Geheimnisse kennen, die so lange in alten Mönchsklöstern verborgen waren. Unbelastet von schwierigen Disziplinen oder Dogmen, läßt der Autor alles Unwichtige beiseite und führt uns schnell und direkt zu den Übungen dieser verjüngenden Energie-Riten. Mit einer solch klaren Beschreibung kann wirklich jeder diese Übungen nachvollziehen – wie immer sein gesundheitlicher Zustand auch sein mag. Da diese Übungen die verschiedenen Energiesysteme so wirkungsvoll stimulieren, kommen Ergebnisse schnell – und deutlich wahrnehmbar für den Übenden; er spürt, wie sich seine Energieebene mit fantastischer Geschwindigkeit hebt. Schon bei der Durchführung der ersten Übung wird man ein großes Wohlgefühl verspüren, da das schnelle Drehen dem Emotionalkörper hilft, sich von negativen Energien zu reinigen. Die meisten Menschen sind in ihrem tyrannischen Emotionalkörper gefangen, der gewohnt ist, an alten Verletzungen und Rachegefühlen festzuhalten und sie nicht loslassen zu können. Wenn diese Energien feststecken, haben wir buchstäblich nicht die Kraft, ein ausgewogenes, glückliches Leben zu führen.

Es erscheint wie eine übertriebene Hoffnung, daß wir durch bloßes Drehen unsere Gefühle ändern, den Griff von Depressionen und anderen negativen Emotionen lockern könnten – aber es ist so! Das Drehen beschleunigt die Grundschwingung unseres Aurafeldes, so daß sich unser Bewußtsein automatisch zu höheren Oktaven der Erkenntnis bewegt. Die Unbeweglichkeit, erzeugt durch Depressionen und Unschlüssigkeit, wird aufgehoben, und wir werden befähigt, die entscheidende Kraft zu fühlen, die zu uns kommt, wenn wir große Mengen an Energie zu unserer Verfügung haben. Das Drehen im Uhrzeigersinn stärkt das Aurafeld so sehr, daß es Kraftsignale nach außen und Lebenskraft zum physischen Körper sendet. Verbesserte Gesundheit und Kraft werden tatsächlich durch die zellulare Wahrnehmung neuer Energieebenen geschaffen. Die Zellen beginnen zu arbeiten, als wären sie Teil eines pulsierenden, jugendlichen Körpers.

Die restlichen Übungen sind gleichermaßen hilfreich für den Körper. Sanft genug, um von jedermann jeden Alters ausgeführt werden zu können, sind sie so vollkommen entwickelt, daß **alle den Körper regulierenden Systeme** stimuliert werden: zum Beispiel das endokrine, die kreislaufregulierenden Systeme sowie die Meridiane und andere. Diese Art der kraftvollen Wiedererstarkung des Körpers verjüngt ihn auf der **biochemischen Ebene der Enzyme und Hormone.** Wir alle wissen, daß die Hormonaktivität unser Gefühl von Wohlbehagen und selbst unsere emotionale Stabilität stark beeinflußt.

Das Atmen spielt eine große Rolle bei diesen Übungen, und der Übende sollte darauf achten, im richtigen Rhythmus zu atmen. Wenn wir atmen, erlauben wir dem Körper, reines Prana aufzunehmen, was das höchste Gut des Lebens ist.

Die größte Hürde für jede neue hoffnungsvolle Lösung gegen die hilflose Erfahrung des Alterns ist ihre Einbeziehung in unser hektisches Alltagsleben. Peter Kelder hat uns fünf wichtige Übungen oder Riten geschenkt, die **sehr wenig Zeit beanspruchen** und doch einen sofortigen Nutzen bringen. Wir müssen nicht schwierige Theorien oder Philosophien lernen, und doch werden wir mit uns vertraut – auf den tiefsten Ebenen unserer Körperfunktionen und unserer körperlichen Wahrheit.

Der geistige Körper beherrscht den physischen. Wenn wir diese Riten mit ganzer Konzentration ausführen, sagen wir dem physischen Körper klar, was wir wollen: vibrierende, alterslose Lebenskraft. Wenn wir **durch Handeln Anteil am Körper nehmen,** löschen wir das hoffnungslose Gefühl aus, von irgendeiner grausamen äußeren Kraft gelenkt zu werden. Unsere Fähigkeit, den erwünschten Zustand des Wohlbefindens zu erreichen, wird deutlich gefördert. **Wenn die Botschaft an den Körper deutlich ist, reagiert er auch.** Der Körper entscheidet sich niemals dafür, alt oder schwach zu sein.

Er wird dies nicht durch Einwirkung der DNS, sondern dadurch, daß das Bewußtsein den Mut verliert, sich mit der manchmal mühsamen Formbildung zu belasten. Angst und Trägheit sind die Handlanger des Alterns. Wir kehren zur Vitalität zurück, indem wir die Trägheit überwinden. Und die Energie, aus der Bewegung geboren, lenkt unsere Aufmerksamkeit weg vom Zugriff der Angst. Ihr werdet sehen, meine Freunde, diese großartigen Riten werden euch sicher auf den Pfad des Selbst führen, indem sie die Aufmerksamkeit eurer physischen, emotionalen, mentalen und spirituellen Körper so zusammenführt, daß sie sich in jenem Punkt vereinen, den ihr als eure Mitte erfahrt. Dort werde ich euch begegnen.

Das alte Geheimnis der «Quelle der Jugend»

ERSTER TEIL

Jeder Mensch wünscht sich ein langes Leben.
Aber kein Mensch möchte alt sein.
Jonathan Swift

Schangri-La? Der Horizont hinter dem Horizont

Vor einigen Jahren saß ich eines Nachmittags im Park und las meine Zeitung, als ein älterer Herr auf mich zukam und sich neben mich setzte. Er schien auf die Siebzig zuzugehen, sein Haar war grau und spärlich, seine Schultern waren gebeugt, und er lehnte sich beim Gehen auf einen Spazierstock. Wie hätte ich wissen können, daß dieser Augenblick den Verlauf meines Lebens für immer ändern würde.

Es dauerte nicht lange, und wir waren in ein angeregtes Gespräch verwickelt. Es stellte sich heraus, daß der alte Herr ein pensionierter Offizier der Britischen Armee war, der der Krone auch im Diplomatischen Corps gedient hatte. Als Folge davon hatte er im Laufe der Zeit praktisch jeden Winkel der Welt bereist. Und Colonel Bradford – ich werde ihn so nennen, obwohl das nicht sein richtiger Name ist – fesselte mich mit höchst unterhaltsamen Erzählungen von seinen Abenteuern.

Als wir uns trennten, verabredeten wir ein Wiedersehen, und schon nach kurzer Zeit hatte sich eine engere Freundschaft zwischen uns entwickelt. Wir trafen uns häufig, in seiner Wohnung oder in meiner, und führten Diskussionen und Gespräche, die bis tief in die Nacht dauerten.

Bei einer dieser Gelegenheiten wurde mir klar, daß es etwas von Bedeutung gab, worüber Colonel Bradford sprechen wollte, aus irgendeinem Grund jedoch zögerte. Ich versuchte ihm taktvoll diese Befangenheit zu nehmen, indem ich ihm versicherte, daß ich, falls er mir erzählen wollte, was ihn beschäftigte, dies mit strenger Vertraulichkeit behandeln würde. Langsam zunächst, doch dann mit zunehmendem Vertrauen, begann er zu sprechen.

Als er einige Jahre zuvor in Indien stationiert war, war Colonel Bradford von Zeit zu Zeit mit herumziehenden Einheimischen aus entlegenen Gegenden des Landesinneren in Verbindung gekommen und hatte viele fesselnde Geschichten über ihr Leben und ihre Bräuche gehört. Eine seltsame Geschichte, die sein besonderes Interesse weckte, hörte er ziemlich häufig, und immer von den Bewohnern eines bestimmten Landstrichs. Die Bewohner anderer Teile des Landes schienen nie davon gehört zu haben.

Die Geschichte betraf eine Gruppe von Lamas, tibetischen Mönchen, die der Geschichte zufolge das Geheimnis der ewigen Jugend entdeckt hatten. Über die Jahrtausende war das außerordentliche Geheimnis von den Mitgliedern dieser mystischen Vereinigung übermittelt worden. Zwar gaben sie sich keinerlei Mühe es geheimzuhalten, doch war ihr Kloster so abgelegen und isoliert, daß sie praktisch von der Außenwelt abgeschlossen waren. Aus diesem Grund war bisher nichts von ihrem Wissen an die Außenwelt gedrungen.

Dieses Kloster und seine «Quelle der Jugend» war für die Einheimischen, die davon erzählten, zu einer Art Legende geworden. Sie erzählten von alten Männern, die auf geheimnisvolle Weise ihrer Gesundheit, Kraft und Vitalität zurückgewannen, nachdem sie das Kloster gefunden hatten und eingetreten waren. Aber niemand schien die genaue Lage dieses seltsamen und wunderbaren Ortes zu kennen.

Wie so viele andere Männer hatte auch Colonel Bradford im Alter von 40 Jahren begonnen, alt zu werden, und das ließ sich offenbar nicht aufhalten.

Je mehr er von dieser wunderbaren «Quelle der Jugend» hörte, desto mehr gelangte er zu der Überzeugung, daß solch ein Ort tatsächlich existierte. Er begann Informationen zu sammeln: Richtungsangaben, die Art der Landschaft, das Klima und andere Daten, die ihm helfen konnten, den Ort ausfindig zu machen. Und sobald Colonel Bradford seine Nachforschungen begonnen hatte, wurde er in zunehmendem Maß von dem Wunsch besessen, diese «Quelle der Jugend» zu finden.

Der Wunsch, so erzählte er mir, war so unwiderstehlich geworden, daß er sich entschlossen hatte, nach Indien zurückzukehren und ernsthaft nach diesem Zufluchtsort und seinem Geheimnis ewiger Jugend zu suchen. Und er fragte mich, ob ich mich seiner Suche anschließen wolle.

Normalerweise wäre ich der Erste, der auf eine so unwahrscheinliche Geschichte skeptisch reagierte. Aber der Colonel meinte es völlig ernst. Und je mehr er mir von dieser «Quelle der Jugend» erzählte, desto mehr kam ich zu der Überzeugung, daß etwas Wahres daran sein könnte. Eine Weile überlegte ich mir ernsthaft, mich der Suche des Colonels anzuschließen. Aber als ich anfing, praktische Gegebenheiten in meine Überlegungen einzubeziehen, gewann die Vernunft die Oberhand, und ich entschied mich dagegen.

Schon kurz nachdem der Colonel abgereist war, kamen mir Zweifel, ob ich die richtige Entscheidung getroffen hatte. Um meinen Entschluß zu rechtfertigen, sagte ich mir, daß es vielleicht töricht sei, das Altern besiegen zu wollen. Vielleicht sollten wir uns alle einfach damit abfinden, in Anmut und Würde alt zu werden und vom Leben nicht mehr zu verlangen als andere auch.

Aber dennoch spukte irgendwo in meinem Kopf weiterhin die *Möglichkeit:* eine «Quelle der Jugend». Welch aufregender Gedanke! Um seinetwillen hoffte ich, daß der Colonel sie finden würde.

Jahre vergingen, und in der Hektik des Alltags verschwand Colonel Bradford und sein «Schangri-La» schließlich auch aus meiner Erinnerung. Dann, als ich eines Abends in meine Wohnung zurückkam, fand ich einen Brief in der Handschrift des Colonels. Ich öffnete ihn schnell und las eine Nachricht, die anscheinend in freudiger Erregung geschrieben worden war. Der Colonel teilte mir mit, daß er trotz frustrierender Verzögerungen und Rückschläge glaube, jetzt unmittelbar vor der Entdeckung der «Quelle» zu stehen. Er gab keinen Absender an, doch ich war erleichtert, wenigstens zu wissen, daß er noch am Leben war.

Viele Monate sollten vergehen, bevor ich wieder etwas von ihm hörte. Als endlich ein zweiter Brief eintraf, zitterten meine Hände, als ich ihn öffnete. Im ersten Moment konnte ich seinen Inhalt nicht glauben. Die Neuigkeiten waren besser, als ich auch nur hätte hoffen können. Der Colonel hatte die «Quelle der Jugend» nicht nur gefunden, sondern wollte sie sogar von seiner Reise mit zurückbringen und irgendwann im Lauf der nächsten zwei Monate bei mir eintreffen.

Vier Jahre war es jetzt her, seit ich meinen alten Freund zuletzt gesehen hatte. Und ich begann mich zu fragen, wie er sich in dieser Zeitspanne wohl verändert haben könnte. Hatte diese «Quelle der Jugend» ihn befähigt, die Uhr des fortschreitenden Alters anzuhalten? Würde er so aussehen wie damals, als ich ihn zum letzten Mal sah, oder würde er nur ein Jahr älter erscheinen anstatt vier?

Schließlich kam die Gelegenheit, diese Fragen zu beantworten. Als ich eines Abends allein zu Hause war, klingelte überraschend das Haustelefon. Als ich abnahm, meldete der Portier: «Ein Colonel Bradford ist hier, um Sie zu besuchen». Eine Welle der Erregung überkam mich, als ich sagte: «Schicken Sie ihn gleich herauf.»

Kurz danach klingelte es, und ich riß die Türe auf. Aber zu meiner Enttäuschung sah ich vor mir nicht Colonel Bradford, sondern einen fremden, viel jüngeren Mann. Meine Überraschung bemerkend, sagte der Mann: «Haben Sie mich denn nicht erwartet?»

«Ich dachte, es wäre jemand anders», antwortete ich ein bißchen verwirrt.

«Ich dachte, ich würde mit mehr Begeisterung empfangen werden», sagte der Besucher mit freundlicher Stimme. «Schauen Sie mein Gesicht genau an. Muß ich mich wirklich vorstellen?»

Meine Verwirrung verwandelte sich zunächst in Verblüffung und dann in ungläubiges Staunen, als ich die Gestalt vor mir anstarrte. Langsam stellte ich fest, daß ihre Züge tatsächlich denen von Colonel Bradford ähnelten. Aber dieser Mann sah aus, wie der Colonel vor Jahren ausgesehen haben mochte – in seinem besten Alter. Anstelle eines gebeugten, bläßlichen alten Mannes mit einem Stock sah ich eine große, aufrechte Gestalt.

Sein Gesicht strahlte Gesundheit aus, und er hatte dichtes, dunkles Haar mit kaum einer Spur von Grau.

«Ich bin es wirklich», sagte der Colonel, «und wenn Sie mich nicht hineinbitten, muß ich annehmen, daß Sie sich schlechte Manieren zugelegt haben.»

In freudiger Erleichterung umarmte ich den Colonel, und unfähig, meine Aufregung im Zaum zu halten, führte ich ihn unter einem Schwall von Fragen herein.

«Warten Sie, warten Sie», protestierte er gutmütig. «Kommen Sie erst wieder zu Atem, und dann erzähle ich Ihnen alles, was passiert ist.» Und das tat er.

In Indien angekommen, war der Colonel sofort in Richtung tibetische Grenze aufgebrochen und hatte nach der Gegend gesucht, in der sich die berühmte Quelle ewiger Jugend angeblich befinden sollte. Zum Glück war er mit der Sprache dieses Landesteils einigermaßen vertraut, und er verbrachte viele Monate damit, Verbindungen herzustellen und sich mit Leuten anzufreunden. Viele weitere Monate war er damit beschäftigt, die Teile des Puzzles zusammenzusetzen. Es war ein zeitaufwendiger, mühseliger Prozeß, aber seine Hartnäckigkeit brachte ihm schließlich den ersehnten Lohn. Nach einer langen und gefährlichen Expedition in die unerschlossenen Gebiete des Himalaja fand er schließlich das Kloster, das, der Legende zufolge, das Geheimnis ewiger Jugend und Verjüngung besaß.

Ich wünschte, daß Zeit und Platz mir erlauben würden, all die Dinge zu berichten, die Colonel Bradford erlebte, nachdem er in das Kloster aufgenommen worden war. Vielleicht ist es auch besser, daß ich dies nicht tue, denn vieles davon klingt mehr wie Fantasie als Tatsache. Die interessante Lebensweise der Lamas, ihre Kultur und ihre völlige Losgelöstheit von der Außenwelt sind für westliche Menschen schwer zu begreifen und zu verstehen.

In dem Kloster waren nirgendwo ältere Männer und Frauen zu sehen. Die Lamas nannten den Colonel gutmütig «den Greis», denn seit langem hatten sie niemanden gesehen, der so alt aussah wie er. Er war für sie ein höchst ungewöhnlicher Anblick.

«In den ersten beiden Wochen nach meiner Ankunft fühlte ich mich wie ein Fisch auf dem Trockenen. Ich staunte über alles, was ich sah, und manchmal konnte ich kaum glauben, was ich vor Augen hatte. Bald begann meine Gesundheit besser zu werden. Ich konnte nachts tief und fest schlafen, und beim Aufwachen fühlte ich mich jeden Morgen erfrischter und tatkräftiger. Es dauerte nicht lange, da stellte ich fest, daß ich meinen Stock nur noch brauchte, wenn ich in den Bergen herumwanderte.

Eines Morgens etwa drei Monate nach meiner Ankunft erlebte ich die größte Überraschung meines Lebens. Ich hatte zum ersten Mal einen großen, wohlgeordneten Raum des Klosters betreten, der als eine Art Bibliothek für alte Manuskripte benutzt wurde. An einem Ende des Raums befand sich ein bis zum Boden reichender Spiegel. Da ich während der beiden vergangenen Jahre ständig in dieser abgelegenen und primitiven Gegend umhergereist war, hatte ich während der ganzen Zeit nie mein Spiegelbild gesehen. So trat ich jetzt mit einiger Neugier vor das Glas.

Ungläubig starrte ich auf das Bild, das ich vor mir hatte. Meine körperliche Erscheinung hatte sich so drastisch verändert, daß ich volle 15 Jahre jünger aussah. All die Jahre hatte ich gehofft, daß die ‹Quelle der Jugend› wirklich existierte. Jetzt hatte ich den physischen Beweis dafür vor meinen Augen.

Die Freude und Erregung, die ich empfand, sind nicht mit Worten zu beschreiben. In den folgenden Wochen und Monaten verbesserte sich mein Aussehen noch weiter, und die Veränderung wurde für alle, die mich kannten, immer offensichtlicher. Es dauerte nicht lange, bis ich meinen Ehrentitel ‹Der Greis› nicht mehr zu hören bekam.»

An dieser Stelle wurde der Colonel durch ein Klopfen an der Tür unterbrochen. Ich öffnete und ließ ein Paar herein, mit dem ich zwar gut befreundet war, das sich aber keinen ungelegeneren

Zeitpunkt für seinen Besuch hätte aussuchen können. Ich verbarg meine Enttäuschung so gut ich konnte, machte sie mit dem Colonel bekannt, und wir alle plauderten eine Weile miteinander. Dann stand der Colonel auf und sagte: «Es tut mir leid, daß ich schon so früh gehen muß, aber ich habe heute abend noch eine Verpflichtung. Hoffentlich sehe ich Sie alle bald wieder.» Doch an der Tür wandte er sich zu mir und sagte leise: «Könnten Sie morgen mit mir zu Mittag essen? Ich verspreche Ihnen, daß Sie dann alles über die ‹Quelle der Jugend› erfahren werden.»

Wir verabredeten eine Zeit und einen Ort, und dann ging der Colonel. Als ich zu meinen Freunden zurückkehrte, bemerkte der Mann: «Er ist ganz bestimmt ein faszinierender Mann, aber ist er nicht ein bißchen jung für einen pensionierten Offizier?»

«Für wie alt hältst du ihn?» fragte ich.

«Nun, er sieht nicht mal aus wie vierzig», antwortete mein Gegenüber, «aber aus dem Gespräch würde ich schließen, daß er doch mindestens so alt sein muß.»

«Ja, mindestens», sagte ich ausweichend. Und dann lenkte ich das Gespräch auf ein anderes Thema. Ich wollte die unglaubliche Geschichte des Colonels nicht weitererzählen, zumindest nicht, bevor er alles vollständig erklärt hatte.

Am nächsten Tag gingen der Colonel und ich nach dem gemeinsamen Mittagessen in das Zimmer, das er in einem nahegelegenen Hotel bewohnte. Und dort schließlich erzählte er mir alle Einzelheiten über die «Quelle der Jugend».

«Die erste wichtige Sache, die man mich lehrte, nachdem ich in das Kloster eingetreten war», sagte der Colonel, «war dies: Der Körper hat sieben Energiezentren, die man sich als wirbelnde Kraftfelder vorstellen kann. Die Hindus nennen sie *Chakren.* Das sind kraftvolle elektrische Felder, unsichtbar für das Auge, aber nichtsdestoweniger sehr real.

Diese sieben Energiewirbel regieren die sieben Hormondrüsen des endokrinen Systems, die wiederum alle körperlichen Funktionen beeinflussen, darunter auch den Alterungsprozeß.

Der erste Wirbel (Wurzel-Chakra genannt) befindet sich am unteren Ende der Wirbelsäule. Der zweite Wirbel (das Sakral-Chakra) ist im Unterbauch unter dem Bauchnabel zu finden. Der dritte Energiewirbel (das Solarplexus-Chakra) befindet sich über dem Bauchnabel aber unterhalb des Brustkorbes. Der vierte Wirbel (das Herz-Chakra) ist in der Mitte des Brustbeins zu finden. Der fünfte Energiewirbel (das Hals-Chakra) befindet sich in der Gegend des Kehlkopfes. Der sechste Wirbel (das Stirn-Chakra) ist in der Mitte der Stirn zwischen den Augenbrauen zu finden. Und der siebte und oberste Energiewirbel schließlich (das Scheitel-Chakra), befindet sich auf dem Schädeldach.

In einem gesunden Körper dreht sich jeder dieser ‹Wirbel› mit hoher Geschwindigkeit und ermöglicht es dadurch der vitalen Lebensenergie, auch *Prana* oder ‹ätherische Energie› genannt, durch das endokrine System aufwärts zu fließen. Wenn aber einer oder mehrere dieser Wirbel anfangen, sich langsamer zu drehen, dann ist der Fluß der vitalen Lebensenergie behindert oder blockiert und – nun ja, das ist einfach eine andere Bezeichnung für Altern und schlechte Gesundheit.

Diese sich drehenden ‹Wirbel› dehnen sich bei einem gesunden Menschen so weit aus, daß sie aus dem Körper herausragen, bei einem alten, schwachen und kränklichen dagegen erreichen sie kaum die Körperoberfläche. Die schnellste Art, Jugend, Gesundheit und Vitalität wiederzugewinnen, ist, diese Energiezentren dazu zu bringen, sich wieder normal zu drehen. Es gibt fünf einfache Übungen, die das zustandebringen. Jede einzelne davon ist hilfreich, doch um die besten Ergebnisse zu erzielen, bedarf es aller fünf. Diese fünf Übungen sind eigentlich gar keine Übungen. Die Lamas nennen sie Riten, und ich selbst verwende gern diese Bezeichnung.»

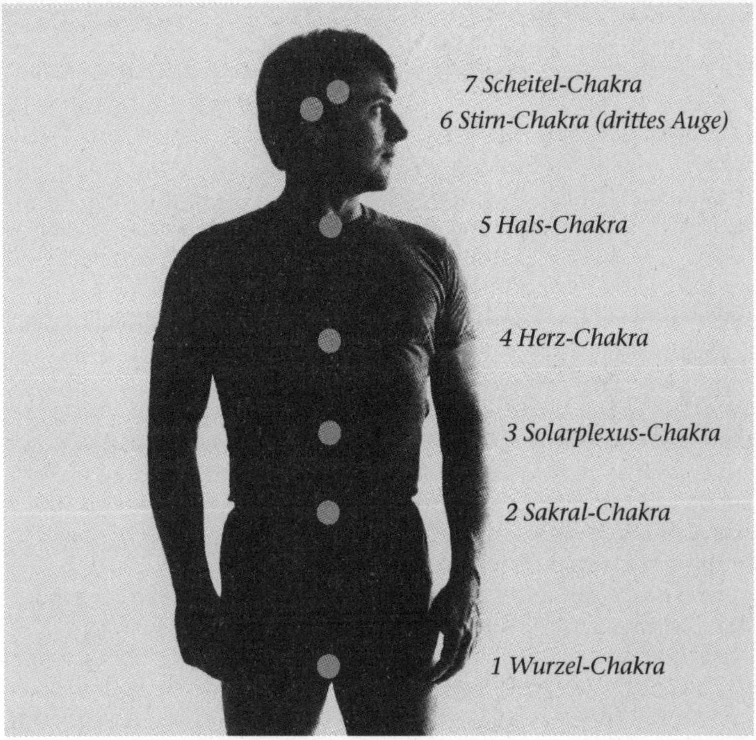

Die Lage der sieben Energiewirbel (Chakren)

Die sieben Energiewirbel des Körpers regieren die sieben endokrinen Drüsen. Sie sind wie auf einer Säule folgendermaßen aufgereiht: (1) der erste befindet sich am unteren Ende der Wirbelsäule, (2) der zweite im Unterbauch unterhalb des Bauchnabels, (3) der dritte im Oberbauch, oberhalb des Bauchnabels und unterhalb des Brustkorbs, (4) der vierte in der Mitte der Brust, (5) der fünfte im Hals, (6) der sechste in der Mitte der Stirn zwischen den Augenbrauen, (7) und der siebte auf dem Schädeldach. Diese Energiewirbel rotieren mit einer hohen Geschwindigkeit. Ist die Geschwindigkeit für alle gleich, befindet sich der Körper in einem vollkommenen gesundheitlichen Zustand. Verlangsamt sich die Rotation eines oder mehrerer Wirbel, setzt der Alterungsprozeß und damit der körperliche Verfall ein.

Die fünf Energie-Riten

Die Fünf »Tibeter«: Der erste Ritus

«Der erste Ritus», fuhr der Colonel fort, «ist einfach. Er wird eigens zu dem Zweck ausgeführt, die Drehgeschwindigkeit der Wirbel zu beschleunigen. Kinder tun dies bei ihren Spielen andauernd.

Sie müssen nur aufrecht stehen und die Arme ausbreiten, parallel zum Boden. Jetzt drehen Sie sich um sich selbst, ohne die Stelle, auf der Sie sich befinden, zu verlassen, bis Ihnen leicht schwindlig wird. Etwas ist wichtig: Sie müssen sich von links nach rechts drehen. Mit anderen Worten, wenn Sie eine Uhr mit dem Zifferblatt nach oben auf den Boden legen würden, drehen Sie sich in die gleiche Richtung wie die Uhrzeiger.

Die meisten Erwachsenen werden sich anfangs nur etwa ein halbes dutzendmal drehen können, bevor ihnen ziemlich schwindlig wird. Als Anfänger sollten Sie nicht versuchen, mehr zu machen. Und wenn Ihnen danach ist, sich hinzusetzen oder hinzulegen, um sich von dem Schwindelgefühl zu erholen, dann sollten Sie auf jeden Fall genau das tun. Ich habe das zuerst nicht anders gemacht. Üben Sie diesen Ritus für den Anfang nur so lange, bis Ihnen leicht schwindlig wird. Mit der Zeit, wenn Sie alle fünf Riten üben, werden Sie sich immer öfter drehen können, und das Schwindelgefühl läßt immer mehr nach.

Um das Schwindelgefühl zu verringern, können Sie einen Kniff von Tänzern und Eiskunstläufern anwenden. Bevor Sie anfangen sich zu drehen, konzentrieren Sie Ihren Blick auf einen Punkt gerade vor Ihnen. Wenn Sie anfangen sich zu drehen, halten Sie Ihren Blick so lange wie möglich auf diesen Punkt gerichtet.

Schließlich werden Sie ihn aus Ihrem Gesichtsfeld verschwinden lassen müssen, damit sich Ihr Kopf mit Ihrem Körper herumdrehen kann. Wenn das passiert, drehen Sie Ihren Kopf schnell herum, und richten Sie Ihren Blick so bald Sie können wieder auf Ihren Punkt. Dieser Bezugspunkt hilft Ihnen, weniger desorientiert und schwindlig zu werden.

Der Erste »Tibeter«

Als ich in Indien war, verblüffte es mich zu sehen, wie die Maulawiyah, oder wie die bekanntere Bezeichnung ist, die tanzenden Derwische, sich in religiöser Ekstase fast unaufhörlich im Kreise drehen. Nachdem ich in den ersten Ritus eingeführt worden war, erinnerte ich mich an zwei Dinge in Verbindung mit dieser Praxis. Erstens drehten sich die tanzenden Derwische immer nur in einer Richtung. Zweitens waren die älteren Derwische viril, stark und robust, viel mehr als die meisten Männer ihres Alters.

Als ich mit einem der Lamas darüber sprach, klärte er mich darüber auf, daß diese Drehbewegung der Derwische tatsächlich eine sehr wohltuende Wirkung habe, aber auch eine weniger günstige. Er erklärte, daß ihr übermäßiges Drehen einige der Wirbel überstimuliere und zur Erschöpfung führe. Dies hat den Effekt, daß der Fluß der vitalen Lebensenergie zuerst beschleunigt und dann blockiert wird. Diese aufbauende und niederreißende Wirkung ist die Ursache dafür, daß die Derwische eine Art psychischen Schub erleben, den sie irrtümlich, wie mir scheint, mit spiritueller oder religiöser Erfahrung verbinden.»

«Die Lamas dagegen», fuhr der Colonel fort, «drehen sich nicht bis zum Exzeß. Während sich die tanzenden Derwische oft hundertmal drehen, tun die Lamas dies nur etwa ein dutzendmal – höchstens 21mal – genug, um die Energiewirbel zum Drehen zu stimulieren.»

Die Fünf »Tibeter«: Der zweite Ritus

«Auf den ersten Ritus», fuhr der Colonel fort, «folgt ein zweiter, der die sieben Wirbel noch weiter stimuliert. Er ist sogar noch einfacher. Beim zweiten Ritus liegt man flach auf dem Boden, mit dem Gesicht nach oben. Am besten legt man sich auf einen dicken Teppich oder eine gepolsterte Unterlage. Die Lamas vollziehen diesen Ritus auf einer Art Gebetsteppich. Er ist etwa 60 Zentimeter breit und fast zwei Meter lang, ziemlich dick und besteht aus Wolle und einer Art Pflanzenfaser. Sein einziger Zweck ist es, den Körper vor der Kälte des Bodens zu schützen.

Der Zweite »Tibeter«

Trotzdem ist alles, was die Lamas tun, von religiöser Bedeutung, daher der Name ‹Gebetsteppich›.

Wenn Sie flach auf dem Rücken liegen, strecken Sie die Arme an Ihren Körperseiten entlang aus und legen die Handflächen auf den Boden, wobei Sie die Finger eng zusammenhalten. Dann heben Sie Ihren Kopf vom Boden und ziehen das Kinn an die Brust. Zugleich heben Sie Ihre Beine in eine senkrechte Stellung. *Der Rücken bleibt vollständig am Boden.* Wenn möglich, nehmen Sie die Beine weiter über den Körper in Richtung des Kopfes. Die Knie sollten dabei gestreckt sein. Senken Sie dann sowohl den Kopf als auch die Beine langsam wieder zum Boden. Lassen Sie alle Muskeln sich entspannen, und wiederholen Sie dann den Ritus – ohne sich zu überfordern.

Halten Sie sich bei jeder Wiederholung an einen *Atemrhythmus:* Atmen Sie tief ein, wenn Sie Kopf und Beine heben; atmen Sie vollständig aus, wenn Sie sie senken. Zwischen den Wiederholungen, während Sie Ihre Muskeln sich entspannen lassen, atmen Sie im gleichen Rhythmus weiter. [Ein Metronom oder leichte rhythmische Musik sind hier hilfreich]. *Je tiefer Sie atmen, desto besser.* Wenn Sie eine gut trainierte Bauch- und Rückenmuskulatur besitzen, können Sie diesen Ritus mit durchgedrückten Knien üben. Für die meisten Menschen ist es jedoch ratsam, die Knie beim Heben und Absenken der Beine angewinkelt zu lassen.

Einer der Lamas erzählte mir, daß er, als er zum ersten Mal versuchte, diesen einfachen Ritus zu üben, so alt, schwach und klapprig war, daß es ihm unmöglich war, seine Beine in eine senkrechte Stellung zu heben. So fing er damit an, daß er seine Beine in einer gebeugten Stellung hob, so daß seine Knie nach oben zeigten und seine Füße herabhingen. Nach und nach war er dann in der Lage, seine Beine zu strecken, bis er sie nach drei Monaten völlig mühelos gestreckt oben halten konnte.»

«Ich staunte über diesen speziellen Lama», sagte der Colonel. «Als er mir dies erzählte, war er das vollkommene Bild von Gesundheit und Jugend, obwohl ich wußte, daß er viele Jahre älter war als ich. Aus reiner Freude an der ‹Anstrengung› pflegte er eine Ladung Gemüse, die gute 100 Pfund wog, auf seinem Rücken vom Garten zum Kloster hinaufzutragen, das über 100 Meter höher lag. Er nahm sich Zeit, aber er blieb auf dem Weg hinauf nicht ein einziges Mal stehen. Wenn er ankam, schien er nicht im geringsten erschöpft zu sein. Als ich zum ersten Mal versuchte, ihm den Hügel hinauf zu folgen, mußte ich mindestens ein dutzendmal stehenbleiben, um wieder zu Atem zu kommen. Später war ich in der Lage, den Hügel genauso mühelos wie er zu ersteigen und ohne meinen Stock. Aber das ist eine andere Geschichte.»

Die Fünf »Tibeter«: Der dritte Ritus

«Der dritte Ritus sollte unmittelbar nach dem zweiten geübt werden. Er ist ebenfalls einfach. Sie müssen nur mit aufrechtem Körper auf dem Boden knien, wobei *die Zehen aufgestellt* sind. Die Hände sollten dabei seitlich, etwas von hinten, an die Oberschenkelmuskeln gelegt werden.

Neigen Sie jetzt Kopf und Nacken nach vorn, und ziehen Sie das Kinn an die Brust. Legen Sie dann Kopf und Nacken behutsam nach hinten – nur so weit, wie es sich gut anfühlt –, und lehnen Sie sich gleichzeitig zurück, indem Sie die Wirbelsäule leicht nach hinten beugen. Während Sie sich zurückbeugen, stützen Sie sich mit den Armen und Händen an den Oberschenkeln oder am Becken ab. Danach kehren Sie in die Ausgangsstellung zurück und beginnen den Ritus erneut.

Wie beim zweiten Ritus sollten Sie auch hierbei einem *Atemrhythmus* folgen. Atmen Sie tief ein, wenn Sie sich nach hinten beugen. Atmen Sie aus, wenn Sie in die aufrechte Stellung zurückkehren. *Tiefes Atmen ist äußerst zuträglich;* füllen Sie deshalb Ihre Lungen, so gut Sie nur eben können.

Ich habe mehr als 200 Lamas diesen Ritus gemeinsam ausüben sehen. Um ihre Aufmerksamkeit nach innen zu lenken, schlossen sie ihre Augen. Auf diese Weise vermieden sie Ablenkungen und konnten sich nach innen konzentrieren.

Vor Tausenden von Jahren entdeckten die Lamas, daß alle Antworten auf die unwägbaren Geheimnisse des Lebens im Inneren zu finden sind. Sie entdeckten, daß all die Dinge, die zusammenwirken, um unser Leben zu gestalten, ihren Ursprung im Inneren eines jeden Menschen haben. Der westliche Mensch war nie in der Lage, diese Auffassung zu verstehen und zu begreifen. Er denkt, wie auch ich es tat, daß unser Leben durch unkontrollierbare Kräfte der materiellen Welt geformt wird. Zum Beispiel glauben die meisten Menschen im Westen, daß es ein Naturgesetz ist, daß unsere Körper altern und verfallen müssen. Durch ihre Innenschau wissen die Lamas, daß dies eine Illusion ist – und eine sich selbst erfüllende Prophezeiung.

Die Lamas, besonders diejenigen dieses speziellen Klosters, leisten eine bedeutende Arbeit für die Welt. Diese Arbeit wird jedoch auf astraler Ebene verrichtet. Von dieser Ebene aus unterstützen sie die Menschheit rund um die Erde. Denn sie liegt hoch über den Schwingungen der physikalischen Welt und ist ein starker Brennpunkt, wo mit wenig Energieverlust viel bewerkstelligt werden kann.

Eines Tages wird die Welt staunend erwachen, um Großes zu sehen, was von diesen Lamas und anderen ungesehenen Kräften geschaffen wurde. Schnell kommt die Zeit näher, in der ein neues Zeitalter anbrechen und eine neue Welt sichtbar werden wird. Es wird eine Zeit sein, in der der Mensch lernt, die mächtigen inneren Kräfte freizusetzen, die ihn befähigen, Krieg und Seuchen, Haß und Bitterkeit zu überwinden.

Die sogenannte ‹zivilisierte› Menschheit lebt in Wahrheit im dunkelsten aller dunklen Zeitalter. Jedoch werden wir auf bessere und wunderbare Dinge vorbereitet. Jeder von uns, der danach strebt, sein Bewußtsein auf eine höhere Ebene zu heben, trägt dazu bei, das Bewußtsein der Menschheit als Ganzes zu erhöhen.

Auf diese Weise hat die Ausübung der fünf Riten eine Wirkungskraft, die weit über den persönlichen, physischen Nutzen, den sie bringen, hinausgeht.»

Die Fünf »Tibeter«: Der vierte Ritus

«Als ich den vierten Ritus zum ersten Mal ausführte», sagte der Colonel, «schien er sehr schwierig zu sein. Doch nach einer Woche war er so einfach zu praktizieren wie alle anderen auch.

Der Dritte »Tibeter«

Setzen Sie sich zuerst auf den Boden mit den Beinen gerade nach vorne ausgestreckt, die Füße ungefähr auf Schulterbreite auseinander. Halten Sie Ihren Körper aufrecht, und legen Sie Ihre Handflächen neben Ihrem Gesäß auf den Boden. Ziehen Sie dann Ihr Kinn nach vorn gegen die Brust.

Jetzt lassen Sie Ihren Kopf nach hinten sinken. Heben Sie gleichzeitig Ihren Körper, so daß sich die Knie beugen, während die Arme gestreckt bleiben. Der Rumpf wird mit den Oberschenkeln eine gerade Linie bilden, parallel zum Boden. Sowohl Arme wie Unterschenkel zeigen senkrecht zum Boden. Spannen Sie dann – ohne den Atem anzuhalten – für einen Augenblick jeden Muskel Ihres Körpers an. Und schließlich, wenn Sie in die ursprüngliche, sitzende Stellung zurückkehren, entspannen Sie Ihre Muskeln und ruhen sich aus, bevor Sie den Vorgang wiederholen.

Auch bei diesem Ritus ist wieder die Atmung wichtig. Atmen Sie tief ein, wenn Sie Ihren Körper anheben. Sie brauchen den Atem nicht anzuhalten, während Sie die Muskeln anspannen. Atmen Sie vollständig aus, wenn Sie wieder zum Sitzen kommen und im gleichen Rhythmus weiter, wenn Sie sich (was für viele hilfreich ist) zwischen den Wiederholungen ausruhen.»

«Nachdem ich das Kloster verlassen hatte», fuhr der Colonel fort, «ging ich in einige größere indische Städte und leitete als ein Experiment Kurse sowohl auf Englisch als auch auf Hindi. Ich fand heraus, daß die älteren Mitglieder beider Gruppen das Gefühl hatten, daß bei diesem Ritus nichts Gutes herauskommen könne, wenn sie ihn nicht von Anfang an perfekt ausführen könnten. Es war äußerst schwierig, sie davon zu überzeugen, daß dies nicht zutrifft. Schließlich überredete ich sie, den Ritus auszuführen, so gut sie konnten, um zu sehen, was im Verlauf eines Monats passieren würde. Sobald ich sie dazu gebracht hatte, beim Üben der Riten einfach das Mögliche zu tun, waren die Ergebnisse nach einem Monat mehr als befriedigend.

Ich erinnere mich, daß ich in einer Stadt eine ganze Reihe älterer Leute in einem meiner Kurse hatte. Als sie diesen speziellen Ritus – den vierten – versuchten, konnten sie kaum ihre Körper vom Boden heben; sie konnten auch nicht annähernd eine horizontale Position erreichen. In dem gleichen Kurs waren

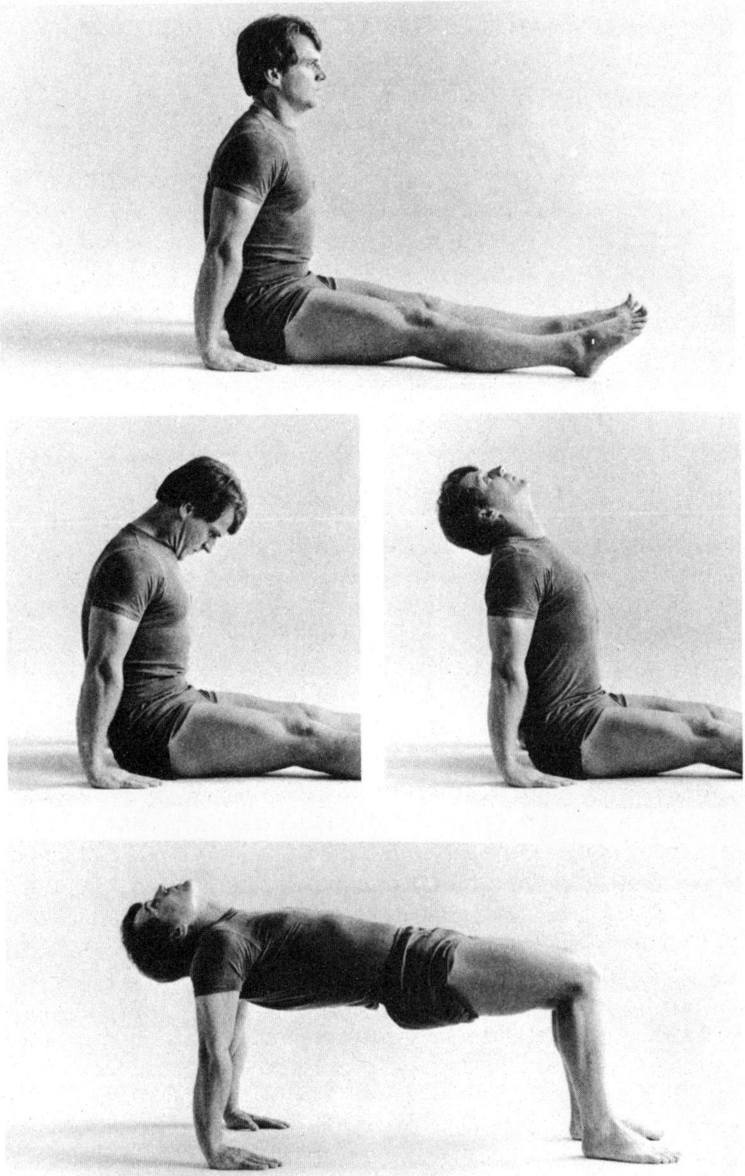

Der Vierte »Tibeter«

einige viel jüngere Leute, die keine Schwierigkeiten hatten, den Ritus schon am ersten Tag perfekt auszuführen. Das entmutigte die älteren Leute so, daß ich die beiden Gruppen trennen mußte. Ich erklärte der älteren Gruppe, daß ich, als ich diesen Ritus zum ersten Mal versucht hatte, ihn auch nicht besser hatte ausführen können als sie. ‹Aber›, erzählte ich ihnen, ‹jetzt kann ich diesen Ritus 50 Mal wiederholen, ohne auch nur die geringste nervliche oder Muskelanstrengung zu spüren.› Und um das zu beweisen, tat ich es vor ihren Augen. Von da an brach die ältere Gruppe alle Rekorde in ihren Fortschritten.

Der einzige Unterschied zwischen Jugend und Lebenskraft einerseits und Alter und schlechter Gesundheit andererseits besteht einfach in der Geschwindigkeit, mit der sich die Wirbel drehen. Normalisiere den Grad der Geschwindigkeit, und ein alter Mensch fühlt sich wie neu geboren.»

Die Fünf »Tibeter«: Der fünfte Ritus

Der Colonel fuhr fort: «Wenn Sie den fünften Ritus ausführen, sind Sie mit dem Gesicht zum Boden gewandt. Sie sind auf die Hände gestützt, mit den Handflächen und den Füßen flach auf dem Boden. Während dieses Ritus sollten die Hände und Füße jeweils etwa schulterbreit voneinander entfernt sein, und Arme und Beine sollten gestreckt gehalten werden.

Beginnen Sie mit den Armen senkrecht zum Boden und der Wirbelsäule durchgebogen, so daß der Körper nach unten durchhängt. Neigen Sie jetzt den Kopf langsam so weit wie möglich zurück. Dann biegen Sie den Körper an den Hüften ab und heben ihn an, so daß er ein umgedrehtes ‹V› bildet. Gleichzeitig bringen Sie das Kinn nach vorn und ziehen es an die Brust. Das ist schon alles. Kehren Sie in die Ausgangsstellung zurück, und fangen Sie erneut an.

Am Ende der ersten Woche wird ein Durchschnittsmensch diesen Ritus als besonders bereichernd empfinden. Sobald Sie in ihm geübt sind, lassen Sie Ihren Körper aus der angehobenen Stellung mit Leichtigkeit heruntersinken bis zu einem Punkt, wo er beinahe, aber nicht ganz, den Boden berührt.

Der Fünfte »Tibeter«

Folgen Sie dem gleichen tiefen Atemmuster wie bei den vorherigen Riten. Atmen Sie tief ein, wenn Sie den Körper anheben. Atmen Sie vollständig aus, wenn Sie ihn senken.»

«Überall wo ich hinkomme», fuhr der Colonel fort, «nennen die Leute diese Riten zuerst isometrische Übungen. Es ist wahr, daß die fünf Riten nützlich sind, um steife Muskeln und Gelenke zu strecken und den Muskeltonus zu verbessern. Aber das ist nicht ihr Hauptzweck. Der wahre Gewinn aus diesen Riten ist, daß sie die Geschwindigkeit der sich drehenden Energiewirbel normalisieren. Sie werden dazu gebracht, sich mit einer Geschwindigkeit zu drehen, die für, sagen wir, einen kraftvollen und gesunden Menschen von 25 Jahren richtig ist.»

«Bei einem solchen Menschen», erklärte der Colonel, «drehen sich alle Wirbel mit derselben Geschwindigkeit. Wenn man andererseits die sieben Wirbel eines Mannes oder einer Frau mittleren Alters sehen könnte, würde man sofort feststellen, daß sich manche von ihnen beträchtlich verlangsamt haben. Sie würden sich alle mit unterschiedlicher Geschwindigkeit drehen und dadurch nicht harmonisch zusammenarbeiten. Die langsameren würden bewirken, daß der betreffende Körperteil verfällt, während die schnelleren Nervosität, Ängstlichkeit und Erschöpfung verursachen würden. So ist es der unharmonische Zustand der Wirbel, der schwache Gesundheit, Verfall und Altern hervorbringt.»

Fragen und Antworten

Während der Colonel die fünf Riten beschrieb, waren bei mir immer wieder Fragen aufgetaucht, und jetzt, da er geendet hatte, begann ich einige davon zu stellen.

«Wie oft wird jeder Ritus ausgeführt?» war meine erste Frage.

«Für den Anfang», erwiderte der Colonel, «schlage ich vor, daß Sie in der ersten Woche jeden Ritus dreimal am Tag üben. Steigern Sie dann in jeder folgenden Woche um zweimal, bis Sie für jeden Ritus bei täglich 21 Mal angelangt sind. Mit anderen Worten, in der zweiten Woche üben Sie jeden Ritus fünfmal, in der dritten Woche siebenmal, in der vierten Woche neunmal täglich und so weiter. Nach zehn Wochen werden Sie bei der vollen Zahl von 21 Mal pro Tag angekommen sein.

Wenn Sie Schwierigkeiten haben, den ersten Ritus, das Drehen, so oft auszuführen wie die anderen, dann tun Sie es einfach so oft Sie können, ohne daß Ihnen zu schwindlig wird. Mit der Zeit wird es Ihnen dann möglich sein, sich die vollen 21 Male zu drehen.

Ich kannte einen Mann, der die Riten über ein Jahr lang ausführte, bevor er sich so oft drehen konnte. Er hatte keine Schwierigkeit, die anderen vier Riten auszuführen, und so steigerte er das Drehen ganz allmählich, bis er die vollen 21 Mal schaffte. Und er hatte vorzügliche Resultate.

Einige Leute finden es schwierig, sich überhaupt zu drehen. Wenn sie das Drehen weglassen und die anderen Riten vier bis sechs Monate lang ausüben, stellen sie für gewöhnlich fest, daß sie dann anfangen können, auch das Drehen in Angriff zu nehmen.»

«Zu welcher Tageszeit sollten die Riten ausgeübt werden?» war meine nächste Frage an den Colonel.

«Sie können entweder am Morgen oder am Abend ausgeübt werden», antwortete er, «je nachdem, was besser paßt. Ich praktiziere sie sowohl morgens als auch abends, aber für den Anfänger würde ich so viel Stimulierung nicht empfehlen. Wenn Sie die Riten etwa vier Monate lang ausgeführt haben, könnten Sie damit anfangen, morgens weiter die volle Anzahl auszuüben und dann zusätzlich abends jeden Ritus dreimal zu wiederholen. Steigern Sie auch dies ganz allmählich, wie bei der allmorgendlichen Übungsfolge, bis Sie bei den vollen 21 Mal angekommen sind. Aber es ist nicht notwendig, die Riten mehr als 21mal zu machen, weder am Morgen noch am Abend, es sei denn, Sie sind wirklich motiviert, das zu tun.»

«Ist jeder dieser Riten gleich wichtig?» fragte ich als nächstes.

«Die fünf Riten arbeiten Hand in Hand und sind alle gleich wichtig», sagte der Colonel. «Wenn Sie, nachdem Sie die Riten eine Weile lang ausgeübt haben, feststellen, daß Sie nicht in der Lage sind, sie alle die erforderliche Anzahl von Malen durchzuführen, versuchen Sie, die Riten auf zwei Übungsfolgen aufzuteilen, eine am Morgen, die andere am Abend. Wenn Sie es bei einem der Riten unmöglich finden, ihn überhaupt auszuüben, lassen Sie ihn weg, und machen Sie die anderen vier. Dann, nach einigen Monaten, probieren Sie den Ritus, mit dem Sie Schwierigkeiten hatten, wieder. Es kann sein, daß sich die Resultate auf diese Weise etwas langsamer einstellen, aber einstellen werden sie sich trotzdem.

Unter keinen Umständen sollten Sie sich jedoch überanstrengen, denn das würde genau das Gegenteil bewirken. Machen Sie einfach soviel Sie sich zumuten können, und bauen Sie allmählich auf. Und lassen Sie sich niemals entmutigen! Es gibt wenige Menschen, die nicht mit Zeit und Geduld allmählich alle fünf Riten 21mal am Tag ausführen können.

Bei ihren Versuchen, ihre Schwierigkeiten mit einem der Riten zu überwinden, werden manche Leute sehr erfinderisch. Ein alter Mann in Indien fand es unmöglich, den vierten Ritus auch nur einmal ordentlich auszuführen. Er gab sich nicht damit zufrieden, einfach nur seinen Körper vom Boden hochzubekommen. Er war entschlossen, eine horizontale Stellung zu erreichen, wie ich sie zuvor beschrieben habe. Also besorgte er sich eine etwa 25 cm hohe Kiste und polsterte ihre Oberseite. Dann legte er sich flach auf die Kiste, stellte seine Füße am einen Ende auf den Boden und seine Hände am anderen Ende. Aus dieser Stellung war es ihm recht gut möglich, seinen Torso in eine waagrechte Position zu bringen.

Nun, dieser Trick mag den alten Herrn nicht gerade befähigt haben, den Ritus 21mal auszuführen. Was er dagegen ermöglichte, war, daß er seinen Körper so hoch heben konnte, wie viel stärkere Männer. Und dies hatte eine positive psychologische Wirkung, die für sich allein schon recht förderlich war. Es ist nicht so, daß ich seine Technik unbedingt empfehlen würde, aber sie könnte anderen helfen, die es für unmöglich halten, auf irgendeine andere Weise Fortschritte zu erzielen. Ein wenig Erfindungsgabe wird Ihnen da weitere Wege zeigen.»

An meine letzte Frage anschließend, fragte ich den Colonel: «Was ist, wenn einer dieser fünf Riten ganz weggelassen wird?»

«Diese Riten sind so wirksam», erwiderte er, «daß man auch dann zu ausgezeichneten Resultaten kommt, wenn man einen wegläßt, dafür aber die anderen vier regelmäßig und in voller Wiederholungszahl ausübt. Sogar ein Ritus allein wird schon Wunder wirken, wie man am Beispiel der tanzenden Derwische, die ich zuvor erwähnte, sehen kann. Die älteren Derwische, die sich nicht so exzessiv drehten wie die jüngeren, waren stark und männlich – ein gutes Anzeichen dafür, daß schon ein Ritus allein starke Wirkungen haben kann. Wenn Sie also herausfinden, daß Sie einfach nicht alle Riten ausüben können, oder daß Sie sie nicht insgesamt 21mal ausführen können, so können Sie doch sicher sein, daß Ihnen alles, wozu auch immer Sie in der Lage sind, gute Ergebnisse bringen wird.»

Meine nächste Frage war: «Können die Riten auch in Verbindung mit anderen Übungsprogrammen ausgeführt werden, oder würden die beiden miteinander im Widerspruch stehen?»

«Auf jeden Fall», sagte der Colonel, «wenn Sie schon eine Art von Übungsprogramm haben, setzen Sie es fort. Wenn Sie keines haben, sollten Sie daran denken, mit einem zu beginnen. Jede Form von Übung, besonders aber Übungen für Herz und Gefäße, helfen dem Körper, ein jugendliches Gleichgewicht aufrechtzuerhalten. Darüber hinaus werden die fünf Riten helfen, die Drehung der Wirbel zu normalisieren, so daß der Körper noch empfänglicher für die wohltuenden Wirkungen von anderen Übungen wird.»

«Haben Sie sonst noch irgendwelche Anregungen», fragte ich ihn.

«Es gibt noch zwei Dinge, die hilfreich sind. Ich habe bereits das tiefe rhythmische Atmen erwähnt, während man zwischen den Wiederholungen der Riten ausruht. Zusätzlich wäre es hilfreich, sich zwischen den einzelnen Riten aufrecht hinzustellen, mit den Händen auf den Hüften, und mehrere Male tief und rhythmisch zu atmen. Wenn Sie ausatmen, stellen Sie sich vor, daß alle Anspannung, die in Ihrem Körper ist, herausfließt, so daß Sie sich ganz entspannt und wohl fühlen können. Wenn Sie einatmen, stellen Sie sich vor, daß Sie sich mit einem Gefühl der Erfüllung und des Wohlbehagens anfüllen.

Ein anderer Vorschlag ist, nach dem Üben der Riten entweder ein lauwarmes oder ein kühles Bad zu nehmen, aber kein kaltes. Schnell erst mit einem nassen, dann mit einem trockenen Handtuch über den Körper zu gehen, ist wahrscheinlich sogar noch besser. Vor einem muß ich Sie allerdings warnen: Sie dürfen nie eine Dusche oder ein Bad nehmen oder sich mit einem nassen Handtuch abreiben, die kalt genug sind, Sie innerlich abzukühlen. Wenn Sie das tun, haben Sie sich um den ganzen Gewinn gebracht, den Sie aus dem Ausüben der Riten gezogen haben.»

Ich war aufgeregt über all das, was der Colonel mir erzählt hatte, aber ganz tief in meinem Inneren muß doch noch ein Rest Skepsis gewesen sein. «Ist es möglich, daß die ‹Quelle der Jugend› wirklich so einfach ist wie das, was Sie mir beschrieben haben?» fragte ich.

«Alles was nötig ist», antwortete der Colonel, «ist, die fünf Riten täglich zu üben – anfangs mit dreimaligem Wiederholen jeder Übung und dann allmählich zu steigern, bis Sie jeden einzelnen Ritus 21mal am Tag ausführen. Das ist das wunderbar einfache Geheimnis, das der ganzen Welt nützen könnte, wenn es bekannt wäre.»

«Natürlich», fügte er hinzu, «müssen Sie die Riten jeden Tag üben, um *wirklichen* Nutzen daraus zu ziehen. Einen Tag in der Woche dürfen Sie auslassen, aber niemals mehr. Und wenn Sie es zulassen, daß eine Geschäftsreise oder irgendeine andere Verpflichtung diese tägliche Routine unterbricht, wird Ihr gesamter Fortschritt darunter leiden.

Zum Glück finden es die meisten Leute, die mit den fünf Riten anfangen, nicht nur einfach, sondern auch erfreulich und lohnend, dies jeden Tag zu tun – besonders dann, wenn sie anfangen, die wohltuende Wirkung zu spüren. Schließlich dauert es nur etwa 20 Minuten, alle fünf zu machen. Und jemand, der körperlich fit ist, kann die Riten in zehn oder noch weniger Minuten ausführen. Wenn Sie Mühe haben, auch nur so viel freie Zeit zu finden, dann stehen Sie einfach am Morgen ein wenig früher auf, oder gehen Sie abends etwas später ins Bett.

Die fünf Riten dienen ganz ausdrücklich dem Zweck, dem Körper seine Gesundheit und jugendliche Vitalität zurückzugeben. Andere Faktoren tragen entscheidend dazu bei, ob Sie Ihre physische Erscheinung so dramatisch verändern werden, wie ich das getan habe. Zwei dieser Faktoren sind geistige Einstellung und Motivation.

Sie haben festgestellt, daß manche Menschen mit 40 alt aussehen, andere dagegen mit 60 noch jung. Es ist die geistige Einstellung, die diesen Unterschied ausmacht. Wenn Sie fähig sind, sich trotz Ihres Alters als jung zu empfinden, werden auch andere Sie so sehen. Sobald ich damit angefangen hatte, die fünf Riten zu üben, gab ich mir Mühe, aus meinem Kopf das Bild von mir als schwachem alten Mann zu tilgen. Statt dessen festigte ich in meiner Vorstellung ein Bild von mir in meinen besten Jahren. Und ich setzte Energie in Form von sehr starkem Verlangen hinter dieses Bild. Das Ergebnis ist das, was Sie jetzt sehen.

Für viele Menschen wäre dies ein schwieriges Unterfangen, weil sie es unmöglich finden, die Art und Weise, wie sie sich selbst sehen, zu verändern. Sie glauben, daß der Körper darauf programmiert ist, früher oder später alt und schwach zu werden, und nichts wird sie in dieser Ansicht erschüttern. Trotzdem werden sie sich, wenn sie einmal damit anfangen, die fünf Riten zu üben, jünger und kraftvoller fühlen. Dies wird ihnen in der Folge helfen, ihr Bild von sich selbst zu verändern. Ganz allmählich werden sie beginnen, sich selbst als jünger zu empfinden. Und es wird nicht lange dauern, bis auch andere Menschen Bemerkungen darüber machen, daß sie jünger aussehen.

Es gibt noch einen anderen, äußerst wichtigen Faktor für diejenigen, die entscheidend jünger aussehen wollen, und zwar gibt es noch einen zusätzlichen Ritus, den ich bis jetzt absichtlich zurückgehalten habe. Aber dieser sechste Ritus ist ein Thema, das ich mir für einen späteren Zeitpunkt aufheben werde.»

Zweiter Teil

Kein Mensch ist frei,
der ein Sklave des Leibes ist.
Lucius Annaeus Seneca

Fortschritte im Himalaja-Klub

Es war fast drei Monate her, seit Colonel Bradford aus Indien zurückgekehrt war, und viel war in dieser Zeit geschehen. Ich hatte sofort angefangen, die fünf Riten zu üben und war sehr zufrieden mit den ausgezeichneten Resultaten. Der Colonel war verreist gewesen, um sich um persönliche Angelegenheiten zu kümmern, so daß ich einige Zeit keinen Kontakt mit ihm gehabt hatte. Als er mich schließlich wieder anrief, erzählte ich ihm eifrig von meinen Fortschritten und versicherte ihm, daß ich bereits zu meiner vollsten Zufriedenheit bewiesen hatte, wie höchst wirksam die Riten sein können.

In der Tat war meine Begeisterung über die Riten so groß geworden, daß ich begierig war, die Informationen an andere Menschen weiterzugeben, die auch davon profitieren könnten. Deshalb fragte ich den Colonel, ob er es in Betracht ziehen würde, eine Gruppe zu leiten. Auch er hielt dies für eine gute Idee und erklärte sich dazu bereit, aber nur unter drei Bedingungen.

Die erste Bedingung war, daß die Gruppe einen Querschnitt aus Männern und Frauen aller Bevölkerungsschichten bilden müsse: Akademiker, Arbeiter, Hausfrauen und so weiter.

Die zweite Bedingung war, daß kein Mitglied der Gruppe unter 50 Jahren sein dürfte, obwohl sie 100 oder mehr Jahre alt sein konnten, wenn es mir gelänge, Menschen in diesem Alter zu finden, die bereit wären, mitzumachen. Der Colonel bestand darauf, obwohl die fünf Riten jüngeren Menschen genauso gut tun.

Und die dritte Bedingung war, daß die Gruppe auf 15 Mitglieder zu beschränken sei. Dies war eine ziemliche Enttäuschung für mich, denn ich hatte mir eine viel größere Gruppe vorgestellt. Nachdem ich ohne Erfolg versucht hatte, den Colonel dazu zu bringen, seine Einstellung zu ändern, stimmte ich schließlich allen drei Bedingungen zu.

Schon bald hatte ich eine Gruppe zusammengebracht, die allen Anforderungen entsprach, und diese Gruppe war von Anfang an ein großer Erfolg. Wir trafen uns einmal in der Woche, und schon in der zweiten Woche glaubte ich bei einigen Mitgliedern Veränderungen sehen zu können. Der Colonel ersuchte uns jedoch, unsere Fortschritte nicht miteinander zu diskutieren, und ich hatte keine Möglichkeit, herauszufinden, ob die anderen mir zustimmen würden. Dann, am Ende des Monats, wurde ich von meiner Ungewißheit befreit. Wir hielten eine Art Testtreffen ab, bei dem wir alle aufgefordert wurden, uns gegenseitig unsere Ergebnisse mitzuteilen. Jeder der Anwesenden berichtete von zumindest einer Verbesserung. Manche schilderten ihre Fortschritte in leuchtenden Farben, und ein paar davon konnte man sogar bemerkenswert nennen. Ein Mann, der auf die 75 zuging, hatte am allermeisten profitiert.

Die wöchentlichen Treffen des «Himalaja-Klubs», wie wir ihn nannten, gingen weiter. Als schließlich die zehnte Woche kam, übten praktisch alle Mitglieder alle fünf Riten 21mal am Tag. Alle behaupteten nicht nur, sich besser zu fühlen, sie glaubten auch, daß sie jünger aussahen, und einige scherzten sogar, daß sie nun nicht mehr ihr wahres Alter verrieten.

Dies erinnerte mich daran, daß der Colonel, als wir ihn einige Wochen zuvor nach seinem Alter gefragt hatten, gesagt hatte, daß er uns diese Information bis zum Ende der zehnten Woche vorenthalten würde. Nun, dieser Zeitpunkt war jetzt gekommen, aber der Colonel war noch nicht eingetroffen. Jemand schlug vor, daß jeder von uns das Alter des Colonels raten und es auf ein Stück Papier schreiben solle. Wenn wir dann die Wahrheit erführen, könnten wir sehen, wer ihr am nächsten gekommen war. Wir stimmten dem zu, und die Zettel wurden gerade eingesammelt, als der Colonel hereinkam.

Als wir erklärten, was wir im Schilde führten, sagte Colonel Bradford: «Bringen Sie sie her, damit ich sehen kann, wie gut Sie geschätzt haben. Und dann werde ich Ihnen sagen, wie alt ich wirklich bin.» Mit amüsierter Stimme las der Colonel jeden der Zettel laut vor. Alle hatten geschätzt, daß er in den Vierzigern sei, und die meisten hatten auf die frühen Vierziger getippt.

«Meine Damen und Herren», sagte er, «ich danke Ihnen für Ihre großzügigen Komplimente. Und nachdem Sie ehrlich mit mir waren, werde ich es auch mit Ihnen sein. An meinem nächsten Geburtstag werde ich 73 Jahre alt werden.»

Zuerst starrten ihn alle ungläubig an. War es wirklich möglich, daß ein 73 Jahre alter Mann nur beinahe halb so alt aussah? Dann drängte sich uns die Frage auf, wieso der Colonel Erfolge erzielt hatte, die so viel eindrucksvoller waren als die unseren.

«Vor allem», erklärte der Colonel, «machen Sie diese wundervolle Arbeit erst seit zehn Wochen. Wenn Sie zwei Jahre davon hinter sich haben, werden Sie eine viel ausgeprägtere Veränderung feststellen. Aber es gehört noch mehr dazu. Ich habe Ihnen noch nicht alles gesagt, was es zu wissen gibt.

Ich habe Ihnen fünf Riten gegeben, deren Zweck es ist, Ihnen jugendliche Gesundheit und Vitalität zu verleihen. Sie werden Ihnen auch helfen, ein jüngeres Aussehen zurückzugewinnen. Aber wenn Sie wirklich wollen, daß die Gesundheit und das Aussehen der Jugend vollständig wiederhergestellt werden, gibt es einen sechsten Ritus, den Sie üben müssen. Ich habe bis jetzt nichts darüber gesagt, weil er sinnlos für Sie gewesen wäre, wenn Sie nicht zuerst gute Ergebnisse aus den anderen fünf erzielt hätten.»

Der sechste Ritus

Der Colonel warnte die Gruppe, daß sie, um aus diesem sechsten Ritus Nutzen ziehen zu können, sich eine sehr harte Disziplin auferlegen müßten. Er schlug uns vor, einige Zeit darüber nachzudenken, ob wir gewillt waren, dies für den Rest unseres Lebens zu tun. Und diejenigen, die mit dem sechsten Ritus weiterzumachen wünschten, lud er ein, in der folgenden Woche wiederzukommen. Nachdem sie darüber nachgedacht hatten, kamen nur fünf Mitglieder der Gruppe wieder, doch der Colonel sagte, daß dies ein besseres Ergebnis sei, als ihm mit irgendeiner seiner Gruppen in Indien gelungen wäre.

Als er ihnen von diesem zusätzlichen Ritus erzählte, erklärte der Colonel, daß dieser die *Regenerationsenergie* des Körpers heben würde. Dieser Prozeß würde nicht nur eine geistige Erneuerung bewirken, sondern auch den ganzen Körper erneuern. Aber er warnte, daß dies eine Selbstbeschränkung erfordern würde, die die meisten Menschen nicht zu akzeptieren bereit seien.

Dann fuhr der Colonel mit seiner Erklärung fort: «Beim Durchschnittsmann und der Durchschnittsfrau wird ein großer Teil der Lebenskraft, der die sieben Energiewirbel nährt, in sexuelle Kraft umgewandelt. Ein großer Teil dieser Energie geht schon in den unteren Wirbeln verloren, so daß sie nie in die oberen Chakren gelangen kann.

Um ein ‹Supermann› oder eine ‹Superfrau› zu werden, muß diese gewaltige Energie zuerst aktiviert und dann nach oben gerichtet werden, so daß sie von allen Wirbeln genutzt werden kann, ganz besonders vom siebten. Mit anderen Worten: Es ist notwendig, sich auf das Zölibat einzulassen, so daß die Sexualenergie zu einem höheren Nutzen *umgeleitet* werden kann.

Nun ist es eine sehr einfache Sache, vitale Lebenskraft nach oben zu richten, und doch sind die Versuche der Menschen durch die Jahrhunderte für gewöhnlich fehlgeschlagen. Im Westen haben religiöse Orden genau dies verursacht und sind gescheitert – weil sie versuchten, Fortpflanzungsenergie zu beherrschen, indem sie sie unterdrückten. Es gibt nur einen Weg, diesen mächtigen Trieb zu beherrschen, und das ist nicht, indem man ihn vergeudet oder unterdrückt, sondern indem man ihn *umwandelt* – ihn umwandelt und zugleich *emporhebt.* Auf diese Weise haben Sie das ‹Lebenselexier›, wie es die Alten nannten, nicht nur entdeckt, Sie haben es dann auch zur *Anwendung* gebracht, was den Alten nur selten gelungen ist.

Nun, um den sechsten Ritus auszuführen, beachten Sie folgendes: Er sollte nur geübt werden, wenn Sie einen *Überschuß an sexueller Energie* haben und ein natürliches Verlangen besteht, dem Ausdruck zu verleihen. Zum Glück ist dieser Ritus so einfach, daß Sie ihn überall und jederzeit ausüben können, wann immer Sie das Bedürfnis spüren.

Das ist alles: Stellen Sie sich aufrecht hin, und lassen Sie alle Luft aus Ihren Lungen entweichen. Beugen Sie sich dabei nach vorn, und legen Sie Ihre Hände auf die Knie. Pressen Sie den letzten Rest an Luft heraus, und kehren Sie dann, mit leeren Lungen, in die aufrechte Stellung zurück. Legen Sie die Hände auf die Hüften, und drücken Sie sie nach unten. Dadurch werden Ihre Schultern nach oben geschoben. Ziehen Sie dabei den Bauch so weit wie möglich ein, und heben Sie gleichzeitig die Brust an.

Halten Sie diese Stellung jetzt so lange Sie es aushalten. Wenn Sie schließlich gezwungen sind, wieder Luft in Ihre leeren Lungen aufzunehmen, lassen Sie die Luft durch die Nase einströmen. Wenn die Lungen voll sind, atmen Sie durch den Mund aus. Beim Ausatmen entspannen Sie Ihre Arme und lassen sie natürlich locker an den Seiten herunterhängen. Atmen Sie dann mehrmals tief durch Mund oder Nase ein, und lassen Sie die Luft durch Mund oder Nase wieder entweichen. Das ist der Ritus, der das ganze System abrundet – die Krönung des Ganzen! Für die meisten Menschen sind *nur drei Wiederholungen* erforderlich, um die sexuelle Energie umzuleiten und ihre starke Kraft aufwärts zu lenken.

Es gibt nur einen Unterschied zwischen einem Menschen, der gesund und vital ist, und einem ‹Supermann› oder einer ‹Superfrau›. Der erstere leitet vitale Lebenskraft in Ausdruck und Austausch der sexuellen Energie, während die letzteren diese Kraft nach oben lenken, um Gleichgewicht und Harmonie durch alle sieben Wirbel zu schaffen. Das ist der Grund, warum ein solcher

Der sechste Ritus

Mensch jeden Tag und jeden Augenblick jünger wird. Er erzeugt in sich selbst das wahre ‹Elixier des Lebens›.

Jetzt können Sie verstehen, daß ich die ‹Quelle der Jugend› die ganze Zeit in mir trug. Die fünf Riten – oder sechs, um genauer zu sein – waren lediglich ein Schlüssel, der die Tür aufsperrte. Wenn ich an Ponce de León denke und an seine vergebliche Suche nach dem ‹Jungbrunnen›, dann denke ich, welch ein Jammer es war, daß er so weit umherzog, um doch mit leeren Händen zu enden. Er hätte sein Ziel erreichen können, ohne seine Heimat auch nur zu verlassen. Aber genau wie ich, so glaubte auch er, daß sich der ‹Jungbrunnen› in einem entfernten Winkel der Welt befinden müsse. Nie kam ihm die Vermutung, daß er die ganze Zeit direkt in ihm selbst verborgen lag.

Bitte verstehen Sie, daß es, um den sechsten Ritus sinnvoll auszuüben, notwendig ist, daß die betreffende Person auch tatsächlich einen sexuellen Trieb verspürt. Er oder sie können Sexualenergie kaum umwandeln, wenn da wenig oder gar nichts umzuwandeln ist. Es ist unmöglich für einen Menschen, der keinen Sexualtrieb mehr verspürt, aus diesem Ritus einen Nutzen zu ziehen. Er oder sie sollte dies nicht einmal versuchen, denn es würde nur zu Entmutigung führen. Statt dessen sollte dieser Mensch, ungeachtet seines Alters, zuerst die anderen fünf Riten lange genug üben, bis er seinen Sexualtrieb zurückgewinnt.

Auch sollte den sechsten Ritus nicht ausführen, wer nicht aufrichtig motiviert ist. Wenn sich ein Mensch unvollständig fühlt, was den Ausdruck seiner Sexualität angeht, und darum kämpfen muß, ihre Anziehungskraft zu überwinden, dann ist er nicht wirklich fähig, Sexualenergie umzuwandeln und aufwärts zu lenken. Die Energie könnte statt dessen fehlgeleitet werden und zu Unruhe und inneren Konflikten führen. Der sechste Ritus ist vor allem für diejenigen bestimmt, die sich sexuell vollendet fühlen und ein wirkliches Verlangen haben, sich anderen Zielen zuzuwenden.

Für die große Mehrheit der Menschen ist die Wahl eines Lebens im Zölibat kein gangbarer Weg, und sie sollten einfach die ersten fünf Riten ausüben. Doch ist es möglich, daß die fünf Riten mit der Zeit zu einer Veränderung der Prioritäten und zu dem aufrichtigen Verlangen führen, ein ‹Supermann› oder eine ‹Superfrau› zu werden. Zu diesem Zeitpunkt sollte die oder der Betreffende den festen Entschluß fassen, einen neuen Lebensweg zu beginnen. Ein solcher Mensch sollte dann bereit sein, diesen Weg fortzusetzen, ohne zurückzuschauen. Wer dazu fähig ist, befindet sich auf dem Weg, wahre Meisterschaft zu erlangen. Er ist fähig, die vitale Lebenskraft zu benutzen, um alles zu erreichen, was er wünscht.»

Dritter Teil

Um dein Leben zu verlängern,
kürze deine Mahlzeiten.
Benjamin Franklin

Vitalität und Ernährung

Nach der zehnten Woche war Colonel Bradford nicht mehr bei jedem Treffen dabei, doch blieb sein Interesse am «Himalaja-Klub» bestehen. Von Zeit zu Zeit pflegte er zu der Gruppe über verschiedene hilfreiche Themen zu sprechen, und gelegentlich fragten Mitglieder der Gruppe ihn in bestimmten Dingen um Rat. Zum Beispiel waren mehrere von uns besonders an gesunder Ernährung interessiert und an der ungeheuer wichtigen Rolle, die die Nahrung in unserem Leben spielt. Es gab verschiedene Ansichten zu diesem Thema, und so beschlossen wir, Colonel Bradford zu bitten, uns die Nahrung der Lamas und ihre Ernährungsgrundsätze zu beschreiben.

«In dem Kloster im Himalaja, in dem ich Novize war», sagte der Colonel, als er in der folgenden Woche zu uns sprach, «gibt es keine Probleme, die die richtige Nahrung betreffen oder die Beschaffung ausreichender Mengen von Nahrung. Jeder der Lamas leistet seinen Beitrag, das zu produzieren, was benötigt wird. Die ganze Arbeit wird auf die primitivste Art und Weise getan. Sogar der Boden würde mit dem Spaten umgegraben, wenn sie das wollten, aber sie ziehen den direkten Kontakt mit der Erde vor. Sie empfinden, daß das direkte Handhaben und Bearbeiten der Erde der Existenz des Menschen etwas hinzufügt. Ich persönlich empfand dies als eine Erfahrung, die mein Leben bereichert hat. Sie trug zu einem Gefühl der Einheit mit der Natur bei.

Nun, es stimmt, daß die Lamas Vegetarier sind, wenn auch nicht im strikten Sinne. Sie verwenden Eier, Butter und Käse in genau den Mengen, die ausreichend sind, um bestimmten Funktionen des Gehirns, des Körpers und des Nervensytems zu dienen. Sie essen jedoch kein Fleisch, denn die Lamas, die stark und gesund sind und den sechsten Ritus üben, scheinen kein Bedürfnis nach Fleisch, Fisch und Geflügel zu haben.

Die meisten Menschen, die sich dem Stand der Lamas anschlossen, waren wie ich weltliche Männer, die wenig über angemessene Nahrung und bewußte Ernährung informiert waren. Aber nicht lange nach ihrer Ankunft im Kloster begannen sich bei ihnen unweigerlich wunderbare Zeichen physischer Besserung zu zeigen. Und dies war zumindest teilweise auf ihre Ernährung dort zurückzuführen.

Kein Lama ist wählerisch in bezug auf das, was er ißt. Er kann das gar nicht sein, weil es wenig gibt, worunter man wählen könnte. Die Diät eines Lamas besteht aus guter, bekömmlicher Nahrung, aber in der Regel besteht sie aus *nur einer Art von Nahrung zu jeder Mahlzeit.* Das allein ist schon ein wichtiges Geheimnis der Gesundheit.

Unterschiedliche Nahrungsarten, wie beispielsweise Kohlehydrate und Eiweiß, werden im Magen auch auf völlig unterschiedliche Weise verdaut. Wird deshalb ein kohlehydratreiches Nahrungsmittel wie Brot mit einem eiweißhaltigen wie Fleisch gegessen, erschwert das eine die Verdauung des anderen. Letzten Endes werden dann weder das Brot noch das Fleisch vollständig verdaut, und ein großer Teil des Nährwertes geht verloren. Es kommt zu Völlegefühl und anderen körperlichen Beschwerden, und wertvolle Energie, die besser genutzt werden könnte, wird dabei sinnlos verschwendet. Geht das jahrelang so weiter, wird sich der gesundheitliche Zustand des Verdauungsapparats verschlechtern, die allgemeine Gesundheit wird darunter leiden, und das Leben wird unnötig verkürzt werden.

Wenn man aber immer nur eine Nahrungsart pro Mahlzeit ißt, kann es im Magen keine Verdauungsprobleme geben. Die Nahrung wird ohne großen Energieverlust problemlos verdaut, und der Körper wird mit weniger Nahrung besser genährt.

Viele Male setzte ich mich in der Speisehalle des Klosters mit den Mönchen an den Tisch zu einem Mahl, das *nur* aus Brot bestand. Dann wieder aßen wir nichts als Gemüse und Obst, *wie es geerntet worden war.* Bei anderen Mahlzeiten aß ich nichts als *gekochte* Gemüse und Früchte.

Zuerst hatte ich großes Verlangen nach meinen gewohnten Mahlzeiten und der Vielfalt von Nahrungsmitteln, an die ich gewöhnt war; aber es dauerte nicht lange, und ich konnte eine Mahlzeit essen und genießen, die aus nichts anderem als aus dunklem Brot bestand oder nur aus einer Sorte Obst. Manchmal schien eine Mahlzeit, die aus nur einer Sorte Gemüse bestand, ein Festessen zu sein.

Ich will damit nicht vorschlagen, daß Sie sich auf eine Ernährungsweise beschränken, die aus nur einer Art von Nahrungsmittel pro Mahlzeit besteht, oder auch nur, daß Sie Fleisch aus Ihrer Ernährung streichen. Aber ich würde empfehlen, daß Sie Kohlenhydrate, Obst und Gemüse bei Ihren Mahlzeiten von Fleischwaren, Fisch und Geflügel getrennt halten. Es ist in Ordnung, bei einer Mahlzeit nur Fleisch zu essen. Wenn Sie das wünschen, können Sie bei einer Mahlzeit auch verschiedene Arten von Fleisch essen. Und es ist auch in Ordnung, Butter, Eier und Käse zu einem Fleischgericht zu essen und, wenn Sie wollen, dazu Kaffee oder Tee in Maßen zu trinken. Aber Sie dürfen die Mahlzeit nicht mit etwas Süßem oder Kohlenhydratreichem abschließen – keine Torten, Kuchen oder Puddings.

Butter scheint neutral zu sein. Man kann sie sowohl mit Kohlenhydraten als auch mit Eiweißgerichten essen. Milch paßt besser zu Kohlenhydraten. Kaffee und Tee sollten immer schwarz getrunken werden, nie mit Sahne, obwohl es nicht schaden wird, in geringem Maße zu süßen.

Allerdings sollte im allgemeinen weitgehend auf Fett verzichtet werden, auch wenn es nicht ganz aus der Ernährung gestrichen werden muß. Die schädlichen Fette sind tierischen Ursprungs, während die nützlichen in Samen und Nüssen, Getreide, Obst und Gemüse enthalten sind. Eine geringe Menge Butter ist ebenso erlaubt wie mageres Fleisch in kleinen Mengen. Aber es ist am besten, ganz auf Schweinefleisch zu verzichten.

Raffinierter Zucker und Nahrungsmittel, die raffinierten Zucker enthalten, sollten nur sehr selten konsumiert werden. Statt dessen können Honig und natürliche Süßigkeiten verwendet werden, aber auch diese sollten nie im Übermaß genossen werden.

Die angemessene Verwendung von Eiern war eine andere interessante und nützliche Sache, die ich während meines Aufenthalts im Kloster lernte. Die Lamas pflegten keine ganzen Eier zu essen, es sei denn, sie hatten harte körperliche Arbeit zu verrichten. Dann aßen sie manchmal ein ganzes, mittelweich gekochtes Ei. Aber sie aßen häufig rohen Eidotter, ohne das Eiweiß. Zuerst schien es mir die Verschwendung eines ausgesprochenen guten Nahrungsmittels zu sein, das Eiweiß den Hühnern vorzuwerfen. Aber dann lernte ich, daß Eiweiß nur von den Muskeln verwertet wird und deshalb nur gegessen werden sollte, wenn die Muskeln angestrengt werden.

Ich hatte schon immer gewußt, daß Eigelb nahrhaft ist, aber seinen wahren Wert lernte ich erst kennen, nachdem ich mit einem anderen Mann aus dem Westen gesprochen hatte, der im Kloster lebte und Kenntnisse in Biochemie hatte. Er sagte mir, daß gewöhnliche Hühnereier tatsächlich die Hälfte all der Elemente enthalten, die für das Gehirn, die Nerven und die Organe des Körpers erforderlich sind. Es stimmt, daß diese Elemente nur in geringen Mengen benötigt werden, aber sie müssen in der Ernährung enthalten sein, wenn man außergewöhnlich kräftig und gesund sein will, sowohl geistig wie auch körperlich.

Noch eine sehr wichtige Sache lernte ich von den Lamas. Sie lehrten mich, wie wichtig es ist, langsam zu essen, nicht um guter Tischmanieren willen, sondern um die Nahrung gründlicher zu zerkauen. Das Kauen ist der erste wichtige Schritt bei der Verdauung der Nahrung, damit sie vom Körper verwertet werden kann. Alles was man ißt, sollte *im Mund verdaut* werden, bevor es im Magen verdaut wird. Wenn man Essen hinunterschlingt und diesen entscheidenden Schritt dabei übergeht, ist es buchstäblich Dynamit, wenn es in den Magen gelangt.

Proteinreiche Nahrungsmittel wie Fleisch, Fisch und Geflügel erfordern weniger Kauen als komplexe Kohlenhydrate. Trotzdem ist es gut, auch sie gründlich zu kauen. Je vollständiger die Nahrung zerkaut wird, desto nahrhafter ist sie. Das bedeutet, daß Sie durch gründliches Kauen die Menge Ihrer Nahrung oft um die Hälfte reduzieren können.

Viele Dinge, die ich als selbstverständlich angesehen hatte, bevor ich in das Kloster kam, schienen mir schockierend, als ich es zwei Jahre später wieder verließ. Eines der ersten Dinge, die mir auffielen, als ich in einer der Großstädte Indiens eintraf, waren die großen Nahrungsmengen, die jeder verspeiste, der es sich leisten konnte. Ich sah einen Mann, der bei nur einer Mahlzeit eine Nahrungsmenge aß, die ausgereicht hätte, um vier hart arbeitende Lamas zu verköstigen und vollständig zu ernähren. Aber die Lamas würden natürlich nicht im Traum daran denken, ihren Mägen die Kombinationen von Nahrungsmitteln zuzuführen, die dieser Mann verspeiste.

Die Vermengung von Nahrungsmitteln in einer Mahlzeit war eine andere Sache, die mich entsetzte. Daran gewöhnt, ein oder zwei Nahrungsmittel pro Mahlzeit zu essen, verblüffte es mich, eines Abends auf der Tafel meines Gastgebers 23 verschiedene Arten von Nahrungsmitteln zu zählen. Kein Wunder, daß die Menschen im Westen eine so miserable Gesundheit haben. Sie scheinen wenig oder gar nichts über die Beziehung zwischen Ernährung einerseits und Gesundheit und Kraft andererseits zu wissen.

Die richtigen Nahrungsmittel, die richtigen Kombinationen und die richtige Menge von Nahrungsmitteln bringen in Verbindung mit der richtigen Eßweise wunderbare Ergebnisse hervor. Wenn Sie Übergewicht haben, werden sie Ihnen helfen abzunehmen. Und wenn Sie Untergewicht haben, werden sie Ihnen helfen zuzunehmen. Es gibt noch eine ganze Reihe anderer Punkte über Nahrung und Ernährung, auf die ich gerne eingehen würde, aber aus Zeitmangel ist dies nicht möglich. Merken Sie sich nur diese fünf Dinge:

(1) Essen Sie nie Kohlenhydrate und Fleisch bei derselben Mahlzeit, obwohl es Ihnen jetzt möglicherweise nicht allzu viele Beschwerden verursacht, solange Sie stark und gesund sind.

(2) Wenn Kaffee Ihnen Beschwerden verursacht, trinken Sie ihn schwarz, ohne Milch oder Sahne. Wenn er Ihnen immer noch Verdruß bereitet, streichen Sie ihn aus Ihrer Ernährung.

(3) Kauen Sie Ihr Essen, bis es flüssig ist, und reduzieren Sie die Nahrungsmenge, die Sie essen.

(4) Essen Sie jeden Tag einmal rohes Eigelb. Essen Sie es entweder unmittelbar vor oder unmittelbar nach dem Essen – nicht während des Essens.

(5) Reduzieren Sie die Vielfalt an Nahrungsmitteln, die Sie bei einer Mahlzeit essen, auf ein Minimum.»*

«Es ist ganz einfach, in einer komplizierten Welt einfach zu leben», fuhr Colonel Bradfort fort. «Nur weil die Welt so kompliziert ist, muß man ja bei diesem Spiel nicht auch noch mitmachen. Statt dessen sollten Sie sich in Ihrer Ernährung und allen Fragen, die Ihre geistige und körperliche Gesundheit betreffen, von ganz einfachen Grundsätzen leiten lassen.»

* Rohes Eigelb sollte nur dann verzehrt werden, wenn es von frischen Eiern aus artgerechter Bodenhaltung stammt. Ein Großteil der Eier, die aus Legebatterien stammen, sind heute mit Salmonellen und anderen Keimen verseucht.

Die oben genannten Hinweise für energiespendende einfache Mahlzeiten sind weiterentwickelt worden in dem anregenden Rezept- und Ernährungsbuch von Devanando O. Weise und Jenny P. Frederiksen: Die Fünf »Tibeter«-Feinschmecker-Küche – Mit 144 Rezepten auf der Basis von Trennkost und mehr (Wessobrunn 1993, Integral Verlag).

Vierter Teil

Ein schwacher Körper
schwächt den Geist.
Jean-Jacques Rousseau

Die Energie der Stimme

Colonel Bradford sprach ein letztes Mal zum «Himalaja-Klub», bevor er in andere Teile der Vereinigten Staaten und in seine Heimat England abreiste. Die Wahl seines Themas war auf verschiedene Dinge gefallen, die außer den fünf Riten den Verjüngungsprozeß unterstützen. Und als er vor der Gruppe stand, schien er drahtiger, frischer und vitaler zu sein als je zuvor. Unmittelbar nach seiner Rückkehr aus Indien hatte er den Anschein erweckt, die Vollkommenheit in Person zu sein. Aber seitdem hatte er weitere Fortschritte gemacht, und sogar jetzt schien er noch hinzuzugewinnen.

«Zuallererst», sagte der Colonel, «muß ich mich bei den Frauen in unserer Gruppe entschuldigen, denn vieles von dem, was ich heute abend zu sagen habe, wird auf Männer bezogen sein. Selbstverständlich sind die fünf Riten, die ich Sie gelehrt habe, Männern und Frauen in gleicher Weise zuträglich. Aber da ich selbst ein Mann bin, würde ich gerne über ein Thema sprechen, das auch für andere Männer von Bedeutung ist.

Ich werde zunächst über die männliche Stimme sprechen. Wissen Sie, daß manche Experten sagen können, wieviel sexuelle Vitalität ein Mann besitzt, einfach dadurch, daß sie ihm beim Reden zuhören? Wir haben alle schon die schrille, piepsende Stimme eines Mannes im fortgeschrittenen Alter gehört. Wenn die Stimme eines älteren Menschen diese Tonlage anzunehmen beginnt, dann ist das unglücklicherweise ein sicheres Zeichen dafür, daß der körperliche Verfall schon ziemlich fortgeschritten ist. Lassen Sie mich dies erklären.

Der fünfte Energiewirbel im Halsbereich regiert die Stimmbänder, und er hat eine direkte Verbindung zum zweiten Energiewirbel im Sexualzentrum des Körpers. Natürlich stehen alle Wirbel miteinander in Verbindung, aber diese beiden sind sozusagen miteinander verzahnt. Was den einen beeinflußt, beeinflußt auch den anderen. Wenn deshalb die Stimme eines Mannes hoch und schrill ist, so ist dies ein Anzeichen dafür, daß seine sexuelle Vitalität gering ist. Und wenn die Energie in diesem zweiten Wirbel gering ist, dann können Sie darauf wetten, daß sie auch in den anderen sechs Wirbeln nur mangelhaft vorhanden ist.

Nun, alles was nötig ist, um den zweiten und den fünften Wirbel zu beschleunigen, und mit ihnen alle anderen, ist, die fünf Riten zu üben. Aber es gibt noch eine andere Methode, die Männer anwenden können, um den Prozeß zusätzlich zu beschleunigen. Sie ist ganz einfach. Alles was erforderlich ist, ist Willenskraft. Sie brauchen nur die bewußte Anstrengung zu unternehmen, Ihre Stimme tiefer zu machen. Hören Sie sich selbst beim Reden zu, und wenn Sie hören, daß Ihre Stimme höher und schriller wird, stellen Sie sie auf eine tiefere Stimmlage ein. Hören Sie Männern zu, die eine gute, feste Sprechstimme haben, und merken Sie sich den Klang. Und versuchen Sie dann, immer wenn Sie sprechen, Ihre Stimme so gut wie möglich in dieser männlichen Stimmlage zu halten.

Für einen sehr alten Mann wird dies eine ziemliche Herausforderung darstellen, aber die Belohnung ist, daß es ausgezeichnete Ergebnisse hervorbringt. Es wird nicht lange dauern, bis die tiefere Schwingung Ihrer Stimme den Energiewirbel an der Halsbasis beschleunigen wird. Dies wiederum wird dazu beitragen, den Energiewirbel im Sexualzentrum zu beschleunigen, der das Tor des Körpers zur vitalen Lebensenergie ist. Wenn diese Energie stärker aufwärts fließt, wird sich der Wirbel in der Kehle noch schneller drehen und damit der Stimme helfen, noch tiefer zu werden, und so weiter.

Es gibt junge Männer, die jetzt kräftig und männlich erscheinen, die aber unglücklicherweise nicht lange so bleiben werden. Dies kommt daher, daß ihre Stimmen nie völlig ausgereift und ziemlich hoch geblieben sind. Diese Männer können ebenso wie die älteren, von denen ich gesprochen habe, ausgezeichnete Ergebnisse erzielen, wenn sie die bewußte Anstrengung machen, ihre Stimmlage zu senken. Bei einem jungen Mann wird dies dazu beitragen, die Männlichkeit zu erhalten, und bei einem älteren, sie zu erneuern.

Vor einiger Zeit stieß ich auf eine ausgezeichnete Stimmübung. Sie ist, wie andere wirkungsvolle Dinge auch, ganz einfach. Immer wenn Sie allein sind, oder wenn die Lärmkulisse ausreicht, Ihre Stimme zu übertönen, so daß Sie andere nicht stören, üben Sie mit leiser Stimme, zum Teil durch die Nase, ‹Mimm – Mimm – Mimm – Mimm› zu sagen. Wiederholen Sie es immer wieder, und bringen Sie Ihre Stimme dabei schrittweise immer tiefer, bis Sie sie so tief gezwungen haben, wie Sie nur irgend können. Es ist wirkungsvoll, dies als allererstes am Morgen zu üben, wenn sich die Stimme für gewöhnlich sowieso in einem tieferen Register befindet. Und dann bemühen Sie sich, Ihre Stimme für den Rest des Tages in einer tiefen Stimmlage zu halten.

Sobald Sie anfangen, Fortschritte zu machen, üben Sie im Badezimmer, damit Sie hören können, wie Ihre Stimme zurückgeworfen wird. Versuchen Sie dann, die gleiche Wirkung in einem größere Raum zu erzielen. Wenn die Schwingung Ihrer Stimme intensiviert ist, wird sie bewirken, daß sich die anderen Wirbel im Körper schneller drehen, vor allem der zweite im Sexualzentrum und der sechste und der siebte im Kopf.

Auch bei älteren Frauen kann die Stimme hoch und schrill werden, und sie sollte auf gleiche Weise tiefer gestimmt werden. Natürlich ist eine Frauenstimme von Natur aus höher als die eines Mannes, und Frauen sollten nicht versuchen, ihre Stimmlage so weit zu senken, daß sie männlich klingt. In der Tat wäre es für eine Frau, deren Stimme ungewöhnlich männlich klingt, sogar vorteilhaft, wenn sie versuchen würde, ihre Stimmlage mit der beschriebenen Methode anzuheben.

Die Lamas singen, manchmal stundenlang, unisono in einer tiefen Tonlage. Die Bedeutung liegt dabei nicht im Singen selbst oder in der Bedeutung der Worte, sondern in der Schwingung ihrer Stimmen und deren Wirkung auf die sieben Chakren. Vor Tausenden von Jahren entdeckten die Lamas, daß die Schwingungsfrequenz des Klanges ‹Oh-mmm ...› besonders mächtig und wirkungsvoll ist – der berühmte Laut OM. Männer wie Frauen werden es als höchst zuträglich erleben, diesen Klang zumindest einige Male jeden Morgen zu singen. Noch hilfreicher ist es, ihn während des Tages zu wiederholen, wann immer Sie können.

Füllen Sie Ihre Lungen vollständig mit Luft, und stoßen Sie den ganzen Atem, aufrecht stehend, langsam wieder aus, um dabei einen langen ‹Oh-mmm-Klang› zu erzeugen. Teilen Sie den Atem dabei etwa halb und halb zwischen dem ‹Ohhh ...› und dem ‹Mmmm ...›. Fühlen Sie das ‹Ohhh ...› durch den Brustraum vibrieren und das ‹Mmmm ...› durch den Nasenraum.

Diese einfache Übung trägt in hohem Maße dazu bei, die sieben Wirbel aufeinander einzustellen, und Sie werden die wohltuende Wirkung dieser Übung fast von Anfang an spüren können. Vergessen Sie nicht, daß es die Schwingung der Stimme ist, auf die es dabei ankommt, nicht auf das Singen als solches oder die Bedeutung des Klangs.»

Das Wunder wirkt weiter

«Alles, was ich Sie bisher gelehrt habe», sagte der Colonel, nachdem er einen Moment innegehalten hatte, «betraf die sieben Chakren. Jetzt aber würde ich gerne noch auf ein paar Dinge zu sprechen kommen, die uns alle viel jünger machen können, obwohl sie nicht direkt mit diesen Energiewirbeln zusammenhängen.

Wenn es möglich wäre, einen alternden Mann oder eine alternde Frau plötzlich aus ihrem altersschwachen Körper herauszunehmen und in einen neuen, ungefähr 25 Jahre jungen Körper zu stecken, wäre ich bereit zu wetten, daß er oder sie auch weiterhin wie ein alter Mensch handeln und an der *Geisteshaltung* festhalten würde, die in erster Linie dazu beigetragen hat, sie alt zu machen.

Obwohl sich die meisten Menschen über das vorrückende Alter beschweren, ziehen sie in Wahrheit ein zweifelhaftes Vergnügen aus dem Altwerden und all den Behinderungen, die damit einhergehen. Selbstredend werden sie durch diese Einstellung nicht gerade jünger werden. Wenn ein älterer Mensch wirklich jünger werden will, muß er *denken, handeln und sich benehmen wie ein jüngerer Mensch* und die Einstellungen und Manierismen des Alters hinter sich lassen.

Das erste, worauf es zu achten gilt, ist Ihre Körperhaltung. Richten Sie sich auf! Als Sie zum ersten Mal in diese Gruppe kamen, waren manche von Ihnen so vornüber gebeugt, daß Sie wie Fragezeichen aussahen. Aber als die Vitalität zurückzukehren begann und sich Ihre Lebensgeister wieder regten, besserte sich auch Ihre Haltung. Das war gut, aber bleiben Sie jetzt nicht stehen. Denken Sie an Ihre Haltung, wenn Sie Ihren täglichen Angelegenheiten nachgehen. Halten Sie Ihren Rücken gerade, werfen Sie sich in die Brust, ziehen Sie das Kinn an, und halten Sie den Kopf hoch. Und mit einem Schlag haben Sie Ihre Erscheinung um 20 Jahre verjüngt und Ihr Verhalten um 40.

Befreien Sie sich auch von den Altersmanierismen. Wenn Sie gehen, seien Sie sich zuerst im klaren darüber, wohin Sie gehen; gehen Sie dann los und direkt darauf zu. Schlurfen Sie nicht; heben Sie Ihre Füße, und schreiten Sie aus. Behalten Sie Ihr Ziel in einem Auge und alles, woran Sie vorbeikommen, im anderen.

In dem Kloster im Himalaja war ein Mann, aus dem Westen wie ich, bei dem Sie geschworen hätten, daß er nicht über 35 sei, und er handelte wie ein Mann von 25. In Wirklichkeit war er über 100 Jahre alt. Wenn ich Ihnen verraten würde, wie viel über 100, würden Sie es mir nicht glauben.

Wenn Sie diese Art von Wunder vollbringen wollen, müssen Sie zuerst das *Verlangen* haben, es zu tun. Dann müssen Sie die Vorstellung akzeptieren, daß es nicht nur wahrscheinlich, sondern absolut *sicher* ist, *daß Sie es vollbringen werden.* Solange das Ziel, jünger zu werden, für Sie ein unmöglicher Traum ist, wird es genau das bleiben. Aber wenn Sie sich die wunderbare Wahrheit vollkommen zu eigen machen, daß Sie tatsächlich in Ihrer Erscheinung, Gesundheit und Einstellung jünger werden können, und wenn Sie dieser Wahrheit durch zielgerichtetes Verlangen Energie verleihen, dann haben Sie bereits den ersten Schluck aus den heilenden Wassern der ‹Quelle der Jugend› getrunken.

Die fünf einfachen Riten, die ich Sie gelehrt habe, sind ein Werkzeug oder ein Mittel, das Sie befähigen kann, Ihr eigenes persönliches Wunder zu wirken. Schließlich sind es die einfachen Dinge des Lebens, die am stärksten und am wirkungsvollsten sind. Wenn Sie diese Riten weiterhin nach Ihrem besten Vermögen ausüben, werden Sie mehr als reichlich belohnt werden.»

«Es war höchst befriedigend zu sehen, wie jeder von Ihnen täglich Fortschritte machte», schloß der Colonel. «Für jetzt habe ich Sie alles gelehrt, was ich kann. Aber während die fünf Riten weiterhin ihre Arbeit tun, werden sie auch künftig Türen zu weiterem Lernen und Fortschritt öffnen. In der Zwischenzeit gibt es andere, die das Wissen benötigen, das ich Sie gelehrt habe, und es ist Zeit, daß ich mich auf den Weg zu ihnen mache.»

Hier sagte der Colonel uns allen Lebewohl. Dieser außergewöhnliche Mann hatte sich einen ganz besonderen Platz in unseren Herzen errungen, und so tat es uns natürlich leid, ihn gehen zu sehen. Aber wir waren auch froh zu wissen, daß in Kürze andere Menschen an dem unschätzbaren Wissen teilhaben würden, das er so großzügig mit uns geteilt hatte.

Wir schätzten uns wirklich glücklich, denn in der gesamten Geschichte der Menschheit war bisher nur wenigen das Privileg zuteil geworden, das alte Geheimnis der «Quelle der Jugend» zu erfahren.

Fünfter Teil
Das verlorene Kapitel

Alles, was ist, entstammt dem Geist,
es beruht auf Geist
und wird durch Geist geformt.
Buddha

An dieser Stelle endete bisher das Buch – im Einklang mit der Originalausgabe The Eye of Revelation *von 1939.*

Acht Jahre später allerdings wurde der Text von Peter Kelder überarbeitet und ein weiteres Kapitel mit dem Titel Die Magie des heiligen Klangs *hinzugefügt. Es war nicht bekannt, daß noch Exemplare dieser Ausgabe existierten, bis vor kurzem ein Buch in der Privatsammlung des Autors gefunden wurde.*

In dieser Neuausgabe der Fünf »Tibeter« werden erstmalig die Änderungen des Autors im Haupttext und das bisher unbekannte Kapitel aus dem Jahre 1947 dem deutschsprachigen Publikum zugänglich gemacht.

Dieses Kapitel, von dem bisher nur einige Eingeweihte vermuteten, daß es überhaupt existiere und neue Informationen enthielte, wird allgemein das «verlorene Kapitel» genannt.

Die Magie des heiligen Klangs

Ab und zu erhielt der Himalaja-Klub eine bemerkenswerte, wenn auch kurze Mitteilung von Colonel Bradford. Er hielt überall auf der Welt Vorträge, blieb aber nie lange an ein und demselben Ort.

Eines Tages erreichte uns ein ziemlich langer Brief, der an alle Klubmitglieder gerichtet war und der neue, sehr interessante Informationen enthielt.

Die Überschrift, die Colonel Bradford seinem Brief gegeben hatte – «Die geistige Magie des Mantrams» –, erweckte unsere Neugier, da die meisten Mitglieder der Gruppe mit dem Begriff *Mantram* nicht vertraut waren, auch wenn einige meinten, sie hätten das Wort schon irgendwo einmal gelesen.

In seinem Brief erklärte der Colonel das Wort wie folgt: «Es besteht ein kleiner Unterschied zwischen den Begriffen *Mantra* und *Mantram*. Beide sind einem Sanskritwort entlehnt, das soviel wie ‹Instrument des Geistes› bedeutet. Der Unterschied besteht darin, daß ein Mantram ein laut geäußertes Instrument des Geistes ist, während ein Mantra lautlos ist.

Ganz gleich, ob es Ihnen bewußt ist oder nicht: Sie erschaffen und formen Ihr Leben durch Ihre Gedanken. Alle Dinge, die Teil Ihrer materiellen Wirklichkeit sind, wurden zuerst in Ihrem Geist aus dem Rohmaterial der Gedanken erschaffen. Weil ein Mantram ein Instrument des Geistes ist, ist es ein Hilfsmittel, das Sie benützen können, um Ihr Leben so zu gestalten, wie es Ihnen gefällt.

Um aber ein Mantram zu Ihrem eigenen Vorteil zu nutzen, müssen Sie zunächst den Geist und seine Arbeitsweise verstehen. Heute hört man häufig den Begriff ‹Unterbewußtsein›, aber nur wenige Menschen verstehen überhaupt, was damit gemeint ist. Statt ‹Unterbewußtsein› verwenden die Lamas ein Wort, das mit ‹Überbewußtsein› übersetzt werden könnte – gemeint ist also ein Bewußtsein höherer Ordnung. Die Funktion des Überbewußtseins ist es, Gedanken, die eine Form reiner Energie darstellen, so umzuwandeln, daß sie in der materiellen Welt Gestalt annehmen können.

Ich könnte ganze Bücher zu diesem Thema schreiben, jetzt aber brauchen Sie nur das folgende zu wissen: Ihr Überbewußtsein ist ein bereitwilliger Diener, dem Sie durch Ihre Denkmuster Befehle erteilen können. Immer wenn Sie einen Gedanken formen, geben Sie einen Befehl. Ihr Diener gehorcht Ihnen, indem er den Gedanken in der materiellen Welt manifestiert, wo er zu den Dingen und Ereignissen Ihres Lebens wird. Das bedeutet, daß die materielle Wirklichkeit ein Spiegelbild Ihrer Denkmuster darstellt. Wenn Sie Ihre Gedanken ändern, verändert sich auch das Bild im Spiegel, mit anderen Worten: Ihr Leben.

So einfach dieses Konzept auch ist, stellt es für viele Menschen doch ein ernstes Problem dar. Sie verweisen auf ein unglückliches oder gar tragisches Ereignis in ihrem Leben und weigern sich zu glauben, daß sie dieses durch ihre eigenen Gedanken hervorgebracht haben.

Wenn Sie Ihre Gedanken jedoch genau untersuchen, werden Sie ohne große Mühe negative Denkmuster entdecken können, die mit den positiven im Wettstreit liegen. In einem Moment sagen Sie: ‹Ich möchte glücklich sein›, aber schon im nächsten fallen Ihnen unzählige Rechtfertigungen ein, warum Sie unglücklich sind: Ihr Job verursacht Ihnen Streß, das Wetter ist schlecht, die Rechnungen stapeln sich, Sie haben Übergewicht, die Nachbarn sind zu laut, Sie kommen zu spät zu einer Verabredung und so weiter. Obwohl es Ihr Ziel ist, glücklich zu sein, arbeitet Ihr Verstand auf Hochtouren, um das Gegenteil zu erreichen.

Ein Mantram ist ein Hilfsmittel, das Sie benutzen können, um Ihre Denkmuster zu vereinheitlichen und sie ganz im Sinne Ihrer höchsten und nobelsten Wünsche auszurichten. Um dieses machtvolle Instrument zu benutzen, müssen Sie aber zunächst einmal die Wünsche definieren, die Ihnen das Leben erfüllen soll.

Es gibt eine ganz einfache Übung, die Ihnen dabei helfen kann. Sie benötigen dafür nur ein paar Minuten, und ich schlage vor, daß Sie sie einmal im Monat ausführen. Setzen Sie sich hin, und schreiben Sie die Dinge auf, die Sie sich am meisten wünschen. Denken Sie nicht lange darüber nach, was Sie sich wünschen *sollten*. Schreiben sie Ihre Wünsche statt dessen ganz schnell auf, und notieren Sie einfach alles, was Ihnen einfällt.

Als nächstes schauen Sie sich diese Liste aufmerksam an, und überlegen Sie sich, was es Ihnen im Endeffekt bringt, wenn sich jeder dieser Wünsche tatsächlich erfüllen sollte. Darum geht es Ihnen ja in Wirklichkeit, und deshalb sollten Sie sich dies auch aufschreiben. Wenn Sie beispielsweise geschrieben haben: ‹Ich wünsche mir einen besseren Job›, wünschen Sie sich im Endeffekt vielleicht die Annehmlichkeiten, die ein besserer Job mit sich bringt. Oder es geht Ihnen um die innere Befriedigung, die sich einstellt, wenn Sie Ihre Talente und Ihre Ausbildung adäquat einsetzen können. Vielleicht wollen Sie aber auch mehr Geld und finanzielle Sicherheit. Oder Sie sehnen sich einfach danach, in einer angenehmen, entspannten Atmosphäre zu arbeiten.

Das, was die Wunscherfüllung bei Ihnen auslöst, sollte immer in emotionalen Begriffen beschrieben werden, denn Gefühle, angenehme wie unangenehme, sind die Früchte Ihrer Lebenserfahrung, sozusagen der Gewinn, den sie daraus ziehen. Wenn Sie dereinst diese Welt verlassen, müssen Sie Ihre materiellen Schätze zurücklassen, aber Ihre Gefühle werden für immer bei Ihnen bleiben. Suchen Sie sich also sorgfältig aus, welche davon auf ewig Ihre Gefährten sein sollen.

Als nächstes schauen Sie sich die Liste Ihrer Wünsche und der Wunscherfüllungen noch einmal an. Gehen Sie sie von oben nach unten durch, und während Sie dies tun, suchen Sie nach zwei oder drei Begriffen, die alles auf der Liste zusammenfassen. Das scheint auf den ersten Blick unmöglich zu sein, aber wenn Sie genauer hinsehen, werden Sie erkennen, daß scheinbar ganz unterschiedliche Dinge ein gemeinsames Ziel haben. Teilen Sie Ihre Wünsche in zwei oder drei Gruppen auf, und finden Sie einen Begriff, der diese Gruppe angemessen beschreibt. Um ein einfaches Beispiel zu benutzen: Wenn Sie sich ein schöneres Haus, einen teuren Wagen oder neue Kleidung wünschen, dann ist das gemeinsame Ziel dieser drei Wünsche Wohlstand oder Fülle.

Danach sollten Sie eine klare Vorstellung Ihrer grundlegenden Ziele gewonnen haben. Fassen Sie diese jetzt zusammen, und formulieren Sie daraus einen einfachen Befehl. Der Befehl sollte positiv, kurz und direkt sein. Zum Beispiel: ‹Ich verlange Glück, Kraft und Wohlstand – jetzt sofort!› Mehr ist nicht nötig. Wenn Ihr Befehl ausgesprochen wird, verwandelt er sich in ein Mantram, oder einfacher gesagt, in ein Hilfsmittel, das Sie benutzen können, um Ihr Überbewußtsein zum Handeln zu veranlassen.

Der Begriff ‹Kraft› ist besonders wirksam, denn mit seiner Hilfe kann Ihr Körper gesund, stark und vital werden. Auf der geistigen Ebene, wird er Ihnen helfen, sich zum Meister Ihres Schicksals zu machen. Die Worte ‹jetzt sofort› am Ende teilen Ihrem Überbewußtsein mit, wann Sie diese Dinge möchten: JETZT! Sie befehlen Ihrem Überbewußtsein, sofort damit zu beginnen, Ihre Wünsche zu erfüllen.

Wenn Sie ein Mantram haben, ist es ganz einfach, es auch anzuwenden. Sie müssen es nur laut und im Brustton der Überzeugung aussprechen. Seien Sie dabei nicht schüchtern! Fühlen Sie die Macht Ihrer Stimme, und sprechen Sie, als ob Sie einem dienstbaren Geist befehlen, Ihnen alles zu bringen, was Sie sich wünschen. Sobald Sie Ihr Mantram laut, ohne jedes Zögern und voller Überzeugung ausgesprochen haben, haben Sie alles Nötige schon getan.

Sprechen Sie Ihr Mantram, wenn Sie abends ins Bett gehen und morgens gleich nach dem Aufwachen. Machen Sie es sich zur Gewohnheit, es mehrmals am Tag in regelmäßigen Abständen zu wiederholen. Wenn Sie vor einem Spiegel stehen, schauen Sie sich selbst direkt in die Augen, und wiederholen Sie voller Überzeugung das Mantram.

In Ihrem Alltag sollten Sie aufmerksam beobachten, was Sie sagen und denken. Hüten Sie sich vor negativen Gedanken oder Worten, die Ihrem Überbewußtsein widersprüchliche Befehle erteilen, denn dies würde die positive Kraft des Mantrams neutralisieren. Wenn Sie sich dabei ertappen, hören Sie sofort damit auf, atmen Sie tief durch, und machen Sie die negativen Gedanken wirkungslos, indem Sie Ihr Mantram mit unerschütterlicher Überzeugung aussprechen.

Natürlich können Sie in Gegenwart anderer Menschen nicht plötzlich herausschreien: ‹Ich will Glück, Kraft und Wohlstand – jetzt sofort!› In solchen Fällen würde ich Ihnen raten, ein Mantra zu benutzen, das Sie innerlich wiederholen und über dessen Bedeutung Sie nachsinnen. Das ist zwar nicht ganz so wirksam wie das gesprochene Mantram, es können jedoch auch auf diese Weise gute Resultate erzielt werden.

Gleichgültig, ob Sie nun ein Mantram oder ein Mantra benutzen – es ist wichtig, sich folgendes vor Augen zu führen: Wenn Sie dem Überbewußtsein Befehle erteilen, müssen Sie sich nur auf das Endergebnis konzentrieren, das Sie herbeiwünschen. Versuchen Sie niemals, Ihrem Überbewußtsein zu diktieren, wie es seine Wunder wirken soll!

Das Überbewußtsein ist intelligenter und erfindungsreicher, als Sie es sich jemals vorstellen könnten. Wenn es in dem, was es bewirken will, einmal eine Richtung eingeschlagen hat, läßt es sich durch nichts entmutigen. Es gibt niemals auf, da es weiß, daß es unendlich viele andere Möglichkeiten gibt, ein beliebiges Ziel zu erreichen. Wenn Sie aber – aufgrund Ihrer momentanen Gedanken oder Ihrer eingefahrenen Denkweisen – versuchen, dem Überbewußtsein vorzuschreiben, wie es seine Arbeit tun soll, dann werden Sie seine Möglichkeiten einschränken und verhindern, daß es seine Magie entfalten kann.

Der überbewußte Bereich Ihres Geistes ist eine ganz wunderbare Sache. *Es ist viel leichter, ihn dazu zu bringen, für Sie zu arbeiten, als sich selbst dazu zu bringen, mit ihm zu arbeiten.* Man könnte sagen, es macht dem Überbewußtsein Freude, darauf hinzuarbeiten, daß Sie alles erreichen, was Sie sich wünschen. Ein Wunsch ist eine sehr mächtige Kraft, und wenn Sie ihn einsetzen, um Ihr Überbewußtsein zum Handeln anzuregen, kann dieses gar nicht anders, als Ihnen Ihre Herzenswünsche auf eine Weise zu erfüllen, die Sie sich überhaupt nicht vorstellen können.

Sie sollten aber noch eines wissen: Der überbewußte Bereich Ihres Geistes beurteilt Ihre Gedanken nicht, bevor er auf sie reagiert. Er unterscheidet nicht zwischen Schmerz oder Vergnügen, Kummer oder Glück, Gram oder Freude. Oder, um es anders zu formulieren: Für das Überbewußtsein gibt es keine angenehmen oder unangenehmen Gefühle. Es ist seine Aufgabe, Denkmuster in Materie umzuwandeln – *und zwar alle Denkmuster.* Diese Aufgabe könnte es gar nicht erfüllen, wenn es Ihre Gedanken zuerst in gut oder schlecht, glücklich oder unglücklich, wertvoll oder wertlos einteilen müßte.

Kurz gesagt läßt sich das wunderbar einfache Geheimnis, das Ihnen helfen wird, alles zu erreichen, was Sie sich wünschen, so formulieren: *Verändern Sie Ihre Denkmuster, und Sie verändern Ihr Leben.* Wenn Sie faszinierende Gedanken denken, wird das Überbewußtsein Ihr Leben mit faszinierenden Ereignissen erfüllen, anstatt mit langweiligen.»

Der siebte Ritus

Der Brief des Colonels ging folgendermaßen weiter: «Nun ist das Überbewußtsein zwar eine phantastische Sache, es kann aber nicht mit unsinnigen Gedanken arbeiten. Um wirksam zu sein, muß das Mantram also eine persönliche Bedeutung für Sie haben. Um dies sicherzustellen, sollten Sie zwei Dinge beachten:

Es ist erstens wichtig, daß Ihr Mantram Ihr persönliches Wachstum widerspiegelt. Wenn Sie also das Gefühl haben, daß Ihre persönliche Entwicklung zu einer Veränderung Ihrer Ziele geführt hat, dann passen Sie Ihr Mantram diesen Veränderungen an.

Das Mantram muß zweitens in einer Sprache formuliert werden, mit der Sie vollkommen vertraut sind. Ich erwähne dies, weil gewisse Lehrer aus dem Osten Mantrams bevorzugen, die zwar für Menschen, die die betreffenden asiatischen Sprachen sprechen, gut und hilfreich, für Menschen, die sie nicht verstehen, dagegen völlig nutzlos sind. Selbst wenn man Ihnen die Bedeutung dieser Worte mitteilen würde, wären sie für Ihr Überbewußtsein nichts als unverständliches Kauderwelsch, und es könnte nichts Gutes dabei herauskommen.

Es gibt allerdings eine Ausnahme. Ein bestimmtes Wort, das aus dem Osten stammt, hat eine magische Wirkung auf das Überbewußtsein, das Gehirn und das gesamte zentrale Nervensystem. Dieses Wort heißt *OM*. Eigentlich ist es gar kein Wort, sondern ein Klang, denn sein Wert liegt in seiner Klangschwingung und nicht in seiner Bedeutung. Daher wird jeder Mensch, der OM seiner Schwingung wegen verwendet, auch davon profitieren – und zwar unabhängig davon, welche Sprache er spricht oder versteht. Mit einer Einschränkung allerdings: Es kann nur ein Mensch davon profitieren, der auch bereit ist, eine so hohe und machtvolle Schwingung zu empfangen.

Der Gebrauch des OM – ich nenne dies den siebten Ritus – kann bei einem Menschen, der dazu innerlich bereit ist, außerordentliche Resultate hervorbringen. Wenn es korrekt intoniert wird, hat seine Schwingung eine außerordentlich stimulierende Wirkung auf die Zirbeldrüse, die mit dem siebten und höchsten Energiewirbel in Verbindung steht.

Allerdings sollte Ihre Zirbeldrüse nicht auf diese Weise angeregt werden, wenn Sie nicht bereit sind, Ihr Leben auf eine höhere Ebene hin auszurichten. So wie ein Same nicht in unfruchtbarem Boden wachsen kann, können Schwingungen einer höheren Ordnung nicht in einem Bewußtsein wirken, das noch nicht bereit ist, sie zu empfangen. Versuchen Sie daher nicht eher, den siebten Ritus zu üben, bis die ersten fünf Riten Ihr physisches und psychisches Wesen auf eine höhere Ebene gehoben haben. Ihre Schwingung muß so hoch sein, daß Sie sich von den negativen Wirkungen aller suchterzeugenden Drogen befreit haben. Dazu gehören auch Alkohol und Nikotin in jeder Form.

Um sich vorzubereiten, sollten Sie zunächst auf Ihre Ernährung achten. Sie sollte fett- und zuckerarm sein, da Zucker – ganz gleich in welcher Form – eng mit dem Alkohol verwandt ist. Stärkehaltige Nahrungsmittel können auch nachteilig sein, wenn sie nicht besonders gründlich gekaut werden. Wenn sie allerdings im Mund vorverdaut worden sind, können stärkehaltige Nahrungsmittel nicht länger schädlich sein, solange sie in vernünftigen Mengen genossen werden.

Am wichtigsten ist allerdings, daß Sie mehr Wasser als bisher trinken. Der gesunde Durchschnittsmensch sollte täglich etwa drei Liter reines Wasser am Tag zu sich nehmen. Das sind ungefähr zwölf bis fünfzehn Gläser. Wenn Sie kleiner oder größer als der Durchschnitt sind, sollten Sie entsprechend weniger oder mehr trinken. Fangen Sie aber nicht an, sofort so viel Wasser zu trinken. Statt dessen sollten Sie Ihre Wasseraufnahme ganz langsam über einen Zeitraum von 60 Tagen steigern.

Wasser reinigt nicht nur Ihren Körper von Schlacken und Schadstoffen, es ist auch ein ausgezeichneter Leiter von elektrischen Impulsen und Klangschwingungen. Beginnen Sie also zunächst damit, mindestens einen Monat lang mehr Wasser zu sich zu nehmen. Dann können Sie damit anfangen, den siebten Ritus zu üben, und Sie werden allen Grund haben, sich gute Resultate zu erhoffen.

Um diesen Ritus auszuführen, sollten Sie sich aufrecht hinstellen oder sich in einen bequemen Sessel setzen. Entspannen Sie sich völlig, aber fallen Sie nicht in sich zusammen. Bewahren Sie die aufrechte Haltung, und halten Sie das Kinn gerade, damit die Stimmbänder nicht eingeengt werden. Wenn Sie möchten, können Sie sich auch flach auf ein hartes Bett oder auf den Boden legen, aber Sie dürfen sich kein Kissen unter den Kopf legen, denn das würde den Kopf nach vorne schieben und dadurch die Bewegung Ihrer Stimmbänder einengen.

OM wird mit langem ‹O› gesprochen, wie das Wort *Rom*, nur ohne das ‹R›. Um diesen magischen Klang korrekt zu intonieren, atmen Sie zunächst ganz tief ein, ohne aber Ihre Lungen soweit zu füllen, daß Sie das Gefühl haben zu platzen. Dann sprechen Sie den Vokal *Oh-h-h…* mit einer tiefen, kräftigen, klangvollen Stimme. Ihr Mund sollte leicht geöffnet sein, Ihre Lippen rund. Ihre Zunge sollte sich hinten im Mund befinden und leicht gegen den hinteren Gaumen gehoben werden. Halten Sie dieses *Oh-h-h…* etwa fünf Sekunden lang. Dann fahren Sie fort, indem Sie Ihren Unterkiefer entspannen, den Mund schließen, die Lippen gerade halten und die Zunge flach im Mund entspannen, so daß der Klang *M-m-m-m-m-m…* entsteht. Halten Sie diesen Klang etwa zehn Sekunden lang.

Wenn Sie das *Oh-h-h…* ertönen lassen, sollten Sie Ihre Stimme durch den Brustraum erklingen hören; das *M-m-m-m-m-m…* sollte durch die Nebenhöhlen erklingen. Wenn Sie es richtig machen, werden sich die beiden Klänge zu einem einzigen *O-h-h-m-m-m-m-m-m…* vereinigen.

Wenn Sie zum Ende gekommen sind, entspannen Sie sich, und atmen Sie ein- oder zweimal ein und aus, bevor Sie den Laut

OM wiederholen. Drei- oder viermal hintereinander reichen völlig aus. Tun Sie des Guten nicht zuviel, und hören Sie sofort auf, wenn Ihnen auch nur im geringsten schwindlig werden sollte. Nach ungefähr einer Stunde wiederholen Sie das OM mehrmals. Anfangs sollten Sie diesen Ritus nicht öfter als zehnmal am Tag ausführen, selbst wenn Ihnen dabei nicht schwindlig wird. Für einen Anfänger ist es nicht gut, die Zirbeldrüse intensiv zu stimulieren.

Es ist am besten, wenn Sie Ihr persönliches Mantram nicht in derselben Sitzung benutzen, in der Sie den siebten Ritus ausführen. Dieser sollte nur dann geübt werden, wenn Ihr Geist ganz still und frei von allen Gedanken ist. Sie können den siebten Ritus allerdings mit einem Mantra kombinieren und dabei ausgezeichnete Resultate erhalten. Wenn Sie fünf Sekunden lang das *Oh-h-h...* des OM erklingen lassen, erlauben Sie Ihrem Geist, absolut still und ruhig zu sein. Wenn Sie dann zehn Sekunden lang *M-m-m-m-m-m...* intonieren, wiederholen Sie Ihr Mantra mehrmals mental.

Sie sollten das Mantra, das dieselben Worte wie das Mantram enthalten kann, schon vorbereitet haben, bevor Sie beginnen. Es sollte auf jeden Fall als Befehl zur Verwirklichung Ihrer grundsätzlichen Ziele formuliert werden. Achten Sie dabei ganz besonders darauf, daß es keine negativen Gedanken enthält oder Worte, die Ihre Anstrengungen wieder zunichte machen würden.

Da dieser Ritus so machtvoll ist, ist er nur für reife Menschen gedacht. Auf keinen Fall sollte er von Menschen unter 21 Jahren ausgeführt werden. Er wird denen am meisten nützen, die ein Alter erreicht haben, in dem sich die Lebensweisheit natürlich vertieft.

Es ist sogar so, daß ältere Männer und Frauen schnellere Fortschritte erzielen als jüngere, sobald sie begonnen haben, ihre Schwingungsfrequenz zu erhöhen. Das liegt zum Teil daran, daß sie gelernt haben, hinter die Ablenkungen und Illusionen der materiellen Welt zu schauen, in der die Freude so vergänglich ist wie ein welkes Blatt im Wind. Sie wissen, daß der wahre Lohn des Lebens nicht außerhalb ihrer selbst gefunden werden kann, sondern nur in jener Welt, die sich in ihrem Innern befindet.

Auf ihren inneren Reisen haben die Weisen längst vergangener Zeiten alle den siebten Ritus benutzt, um die Schwingungsfrequenz ihres Geistes und ihres Körpers zu erhöhen. Wenn auch Sie dies tun, wird Ihnen nicht nur die Jugend an Körper und Geist zuteil werden, sondern auch der Schatz unvergänglicher Weisheit.

Zum Schluß möchte ich Sie alle ermutigen, diese neue Herausforderung anzunehmen und auf der Stelle damit zu beginnen. Denn obwohl Sie wunderbare Fortschritte erzielt und viel erreicht haben, sind diese Dinge doch nichts im Vergleich zu den Wundern, die auf Sie warten, wenn Sie sich auf die Reise nach innen machen. Wenn Sie dies tun, wird es für Sie keine Rückkehr geben, denn direkt vor Ihnen liegen großartige Dinge. Sie brauchen nur zuzugreifen.

In treuer Verbundenheit
Colonel Bradford»

Nachdem die Mitglieder des Himalaja-Klubs diesen Brief erhalten hatten, hörten sie nie wieder etwas von Colonel Bradford. Sein Aufenthaltsort war nicht bekannt, und alle meine Versuche, ihn ausfindig zu machen, blieben ohne Erfolg.

Das einzige, was vermutlich mit einiger Sicherheit gesagt werden kann, ist, daß die Reisen des Colonels ihn in unbekannte Länder, zu unglaublichen Abenteuern und zu Wundern geführt haben müssen, die wir uns kaum vorstellen können.

Das Geheimnis, das Sie Berge versetzen lässt

Das Erfolgsgeheimnis der Fünf »Tibeter«

von *Manfred Miethe*

Herbert Bruckmüller, ein erfahrener Bergsteiger aus dem österreichischen St. Konrad, fiel 1995 bei einer Klettertour im Toten Gebirge in einen Felsriß. Trotz starker Schmerzen kletterte er 50 Meter tiefer in den Spalt hinein und trug in seinem Rucksack lose Steine hinauf, die er anhäufte, um hinausklettern zu können. Wieder und wieder fiel der Haufen in sich zusammen. Bruckmüller war verzweifelt und fühlte sich am Ende seiner Kräfte. «Ich hatte Wahnvorstellungen, hörte Töne und sah Farben. Da versenkte ich mich sechsmal täglich in die Figuren der Fünf »Tibeter«. Ich habe die Übungen gemacht, so gut es im Hocken eben ging. Das gab mir Kraft, den eineinhalb Meter hohen Steinturm anzuhäufen, 20 Minuten am Dolinenrand zu hängen und endlich die Beine hinauszuschwingen.»

Nach 100 Stunden im Felsriß entkam er seinem Gefängnis. Eine halbe Stunde lang lag er im strömenden Regen, dann schleppte er sich zehn Stunden zur nächsten Hütte. Der 56jährige Herbert Bruckmüller verwirklichte das, was im Untertitel dieses Buches versprochen wird: Er versetzte mit Hilfe des alten Geheimnisses aus den Hochtälern des Himalaja Berge!

Was der österreichische Bergsteiger vollbrachte, ist wohl eines der spektakulärsten Beispiele dafür, wie diese fünf Übungen das Leben zahlloser Menschen positiv verändert haben.

Hunderttausende auf der ganzen Welt üben täglich, und viele von ihnen berichten in Zuschriften an die Herausgeber sowie in Artikeln in Zeitschriften und Zeitungen, wie gut es ihnen geht, seit sie begonnen haben, diese paar Minuten täglich in ihre Gesundheit zu investieren.

Doch wie kam es eigentlich, daß die Fünf »Tibeter« die Herzen so vieler Menschen erobern konnten?

In den dreißiger Jahren galt Tibet als «das verbotene Land auf dem Dach der Welt», wie es die berühmte Tibetforscherin Alexandra David-Neel nannte. Gerüchte und Spekulationen über geheime Riten kursierten im Westen, und Mystiker und Magier aller Schattierungen waren fasziniert von dem sagenumwobenen Land, in das bisher nur wenige Abenteurer vorgedrungen waren. Jams Hiltons Buch *Der verlorene Horizont,* in dem von einem geheimnisvollen Kloster mit Namen Schangri-La berichtet wird, erschien 1933 und wurde zum internationalen Bestseller und später auch als Film mit Peter Finch, Liv Ullmann und Charles Boyer in den Hauptrollen zu einem großen Erfolg.

Peter Kelder, der sagenumwobene Autor der Fünf »Tibeter«, schrieb Ende der dreißiger Jahre unter dem Titel *The Eye of Revelation* (etwa: «Das Auge der Offenbarung») ein Buch, das damals im Schatten von Hiltons Werk blieb. Er verfaßte es auf ausdrücklichen Wunsch des Verlegers Harry Gardener nach der Begegnung mit einem Mann, der im Buch unter dem Pseudonym Colonel Bradford die zentrale Rolle spielt. *The Eye of Revelation* erschien in einer kleinen Auflage 1939 bei *Mid-day Press* in Los Angeles und erreichte zunächst nur wenige Menschen. Nachdem es dann sogar einige Jahre lang überhaupt nicht mehr lieferbar war, wurde das Buch schließlich vom Autor überarbeitet, um ein neues Kapitel ergänzt und 1947 erneut veröffentlicht. Wiederum scheint die Zeit dafür nicht reif gewesen zu sein, denn auch diesmal nahmen nur wenige Menschen davon Notiz. Peter Kelder konnte nicht im entferntesten ahnen, daß sein Buch beinahe 60 Jahre nach der Erstveröffentlichung noch das Leben unzähliger Menschen in aller Welt positiv verändern würde.

Es heißt, daß Menschen, die ihrer Zeit voraus sind, oft darauf warten müssen, daß sie von ihr eingeholt werden. Anscheinend begannen die Menschen in den westlichen Industrienationen erst in den siebziger und achtziger Jahren ernsthaft damit, die Weisheit des Ostens zu suchen und aus ihr zu lernen. Peter Kelder hatte in seinem Buch Dinge vorweggenommen, deren Wert für viele Menschen in den Vereinigten Staaten und Europa erst viel später offenbar werden sollte: Yoga, Meditation, Trennkost, positives Denken und Affirmationen. Auch der heilige Klang OM, damals nur wenigen Eingeweihten im Westen bekannt, ist heute in aller Munde.

1985 veröffentlichte der amerikanische Verleger Harry Lynn in seinem Washingtoner Kleinverlag *Harbor Press* das Buch erneut, diesmal unter dem Titel *Ancient Secret of the Fountain of Youth* (etwa: «Das alte Geheimnis der Quelle ewiger Jugend»). Obwohl das Buch jetzt durch Mundpropaganda eine größere Verbreitung fand als je zuvor, wäre es doch wahrscheinlich niemals zum Bestseller geworden, wenn es nicht Volker Karrer, der Gründer des Integral Verlages, 1988 bei einem Besuch im amerikanischen Bundesstaat New Mexico in einem Buchladen in Santa Fe «zufällig» entdeckt hätte.

Schon im Jahr darauf wollte Volker Karrer es veröffentlichen, allerdings zunächst unter dem Titel «Berge versetzen vor dem Frühstück. Neue Lebendigkeit durch altbewährte Übungen aus Tibet». Dann kam ihm beim morgendlichen Matetee die zündende Idee für den Titel, unter dem das Buch in die Bestsellerliste katapultiert wurde, wo es sich seither seinen Stammplatz gesichert hat.

Die Fünf »Tibeter« hielten, was sie versprachen. Diese einzigartigen, leicht zu erlernenden und dabei hochwirksamen Übungen nehmen nur wenige Minuten pro Tag in Anspruch. Doch die Resultate sind phänomenal, wie unzählige »Tibeter«-Praktizierende auf der ganzen Welt erfahren haben. Mittlerweile wurde das Buch ins Polnische, Tschechische, Slowenische, Ungarische, Portugiesische, Spanische, Holländische, Dänische, Italienische, Französische und ins Japanische übersetzt. Die deutsche Ausgabe ist außerdem in Blindenschrift erhältlich.

Die Fünf »Tibeter« sind heute weder aus dem Buchhandel wegzudenken noch aus den Medien und ganz sicher nicht aus dem Leben der Hunderttausende, die die Übungen täglich ausführen und mit ihrer Hilfe ein glücklicheres, gesünderes Leben führen.

Ganz gleich, ob im Allgäu oder in spanischen, griechischen, schweizerischen und österreichischen Ferienorten: Fünf-»Tibeter«-Kurse gehören ebenso selbstverständlich zum Angebot wie Massage, Kosmetik oder das Wellenbad. Und obwohl die Riten ursprünglich für ältere Menschen gedacht waren, die mit ihrer Hilfe Jugend und Vitalität zurückgewinnen sollten, wächst die Zahl der jungen Menschen, die sie praktizieren.

Die Fünf »Tibeter« sind in allen Altersgruppen und Schichten zum Inbegriff von Gesundheit, Vitalität und Lebensfreude geworden. Ihre Popularität sichert ihnen einen ebenbürtigen Platz neben anderen großen östlichen Therapien wie Reiki, T'ai Chi und Yoga. Die Fünf »Tibeter« zu praktizieren ist ein typisches Merkmal für einen aufgeschlossenen, zeitgemäßen Lebensstil, zu dem gleichermaßen Gesundheitsbewußtsein, Spiritualität und Lebensgenuß gehören.

Das Erfolgsgeheimnis der »Tibeter« ist schlicht und einfach: Sie machen Spaß und wirken!

☎ Die Fünf-»Tibeter«-Hotline: 0 88 08/9 10 96 (Näheres siehe S. 118)

Kann das alles wahr sein?

Auszüge aus Leserbriefen – ein Querschnitt

Schon nach dem ersten Tag habe ich mich anders gefühlt. Jetzt mache ich die Übungen seit über drei Wochen. Ich sehe jünger aus und fühle mich jeden Tag lebendiger ...

Ich merke sofort, wie sich meine Energie und mein Wohlbefinden verändern. Alles läuft leichter für mich, und bei meiner Arbeit werde ich nicht so schnell müde. Und das nur dann, wenn ich die Fünf »Tibeter« wirklich mache ...

Ich fühle mich nicht nur jünger, ich bekomme auch von Leuten, die mein Alter (73) kennen, zu hören, daß ich 20 Jahre jünger aussehe und auftrete. Mein Arzt ist 58 und schimpft, daß ich jünger aussehe als er, obwohl er regelmäßig Jogging macht. Ich empfehle dieses Buch jedem, der den Alterungsprozeß aufhalten möchte ...

Meine schwachen Gelenke sind kräftiger geworden, und meine Körperhaltung hat sich verbessert ...

Durch die Fünf »Tibeter« werden meine Muskeln kräftiger, und ich verliere Speckfalten. Es geht mir jetzt besser, und ich denke, daß es bald noch besser wird. Ich kann dieses Buch nur jedem empfehlen ...

Infolge einer schweren Rückenverletzung war ich fünf Jahre lang arbeitsunfähig. Ich hatte so große Schmerzen, daß ich daran dachte, mir das Leben zu nehmen. Das war, bevor ich Ihr Buch las. Inzwischen sind durch das Üben der Fünf »Tibeter« die Schmerzen zurückgegangen, ich kann wieder richtig gehen und habe sogar wieder Arbeit gefunden als Vorschullehrerin ...

Ich hatte ziemliche Probleme mit Kreuzschmerzen. Jetzt spüre ich nur noch ganz selten etwas davon ...

Seit mir die Fünf »Tibeter« gezeigt wurden, habe ich keinen Tag ausgelassen, und in meinem ganzen Leben ist es mir noch nicht so gut gegangen ...

Ich spüre, wie meine Verdauung besser wird. Auch mein Kopf fühlt sich klarer an. Ein großartiges Buch ...

Ich mache die Übungen jetzt seit drei Monaten und fühle mich jeden Tag jünger. Ich bin erst 30, deshalb sind die Veränderungen nicht so gewaltig wie bei Ihren älteren Lesern ...

Ich bin Yogalehrerin mit jahrelanger Erfahrung. In meinen Kursen bot ich ein Sonderprogramm mit den Fünf »Tibetern« (sie sind tatsächlich Yoga) an, das guten Zuspruch fand. Ich meine, diese Übungen sind für Menschen über 50 von großem Nutzen. Für mich sind sie eine gute Ergänzung zu meiner eigenen Yogapraxis ...

Mehrere Patienten, die ich auf Ihr Buch hingewiesen hatte, berichteten mir später begeistert von ihren Erfahrungen. Daraufhin fing ich an, diese fünf Riten selbst zu praktizieren. Das war vor drei Wochen. Nach neun Tagen spürte ich eine deutliche Steigerung meiner Kraft und Ausdauer. Ich konnte jetzt ohne jede Anstrengung schwere Gepäckstücke die Treppe hochtragen ...

Ich habe festgestellt, daß ich körperlich kräftiger geworden bin, und darüber hinaus, daß meine Augen besser sind, weil feuchter, wie es sonst nur mit Augentropfen möglich wäre ...

Die Haut an meinen Armen hat sich so gestrafft, daß keine Falte mehr zu sehen ist. Ich empfehle jedem diese Fünf »Tibeter«. Machen Sie die Übungen unvoreingenommen, nichts weiter, und sehen Sie sich die Ergebnisse an ...

Ich erlebe zum ersten Mal, daß Erfahrungen anderer auch für mich stimmen ...

Jeder darf so viele Zweifel haben, wie er will. Mit der regelmäßigen Ausübung der Fünf »Tibeter« werden alle Zweifel schwinden ...

Ich fühle mich einfach herrlich danach. Ich habe richtig Schwung ...

Als ich anfing zu üben, dachte ich skeptisch, es kann ja nicht schaden. Heute würde ich jeden Satz des Herausgebers unterschreiben ...

Das Übungsprogramm ist kurz genug, daß ich es vor dem Frühstück machen kann ...

Nicht nur, daß sich meine Konzentrationsfähigkeit verbessert hat, auch den augenblicklichen Streß hier [in den neuen Bundesländern] kann ich nur dank der Übungen so gut verkraften ...

Ich war reif für diese Erfahrungen und bin dankbar, sie jetzt zu empfangen ...

Ich fühle mich ausgeglichener. Da ich gleichzeitig die Trennkost praktiziere, nehme ich ab und fühle mich gesund ...

Mein Körper möchte nicht mehr ohne die Übungen sein, und «irgendwie» werde ich täglich daran erinnert ...

Wie so viele Frauen und Mütter habe ich mich in meinem Alltag immer hinten angestellt. Kraft und Energie blieben auf der Strecke. Angst, Verzweiflung und psychosomatische Beschwerden wurden meine Wegbegleiter. Diese so faszinierend einfachen Übungen brachten mich zu meiner Kraft und Energie zurück. Ich bin lebensfreudig und kreativ geworden und empfinde mein Leben durch sie bereichert. So kann es weitergehen ...

Pulsschlag und Blutdruck haben sich vollkommen normalisiert. Der Körper wird wunderbar durchwärmt ...

Im Schulter- und Nackenbereich habe ich seit Jahren solche Verspannungen, daß ich nicht mehr auf der Seite schlafen konnte. Jetzt, nach einigen Wochen regelmäßigen Übens, sind die Schmerzen weg ...

Eine wunderbare Art, seine Jugend wiederzugewinnen ...

Ich fahre froh zur Arbeit, nehme zwei Stufen auf einmal und finde meinen im erschöpften und depressiven Sumpf verschütteten Humor wieder. Ich danke dem Himmel für dieses Geschenk ...

Hier ist das reinste Fünf-»Tibeter«-Fieber ausgebrochen ... Die Übungen sind leicht und in kurzer Zeit durchzuführen ...

Das Buch ist das beste, was ich den Menschen, die mir am Herzen liegen, zu ihrem Wohle geben kann ... Meine Allergien, Ödeme, Ekzeme sind verschwunden ...

Mein Leben ist farbiger und lichter geworden ...

Meine seit längerer Zeit anhaltenden Schlafstörungen sind so gut wie verschwunden, und die Rückenschmerzen sind erheblich zurückgegangen ...

Es tut sehr gut ... Ich weiß zwar nicht genau, was passiert, auf jeden Fall steigert sich mein Wohlempfinden jeden Tag. Vielen Dank ...

Die Übungen sind einfach und wunderbar nachzuvollziehen. Für mich besonders wertvoll: Sie ersetzen mir bei täglicher Anwendung den bisherigen wöchentlichen Gang zur Krankengymnastik ...

Meine Vitalität ist wunderbar im Fließen, ich komme mit weniger Nahrung aus, fühle mich äußerst gesund und voller Aktivität. Nach vier Wochen regelmäßigen Übens begannen am Kopf Haare nachzuwachsen, wo vordem keine mehr waren. Mein Friseur konnte kaum fassen, welch «Wundermittel» ich wohl angewendet hatte.
Nebenbei bemerkt: Den Jahren nach gemessen, zähle ich ja eigentlich zu den sogenannten Senioren – aber zu den junggebliebenen! …

Der mysteriöse Hintergrund ist etwas für Romantiker. Die Übungen und die wirklich wunderschöne Musik [der CD] helfen aber sicher auch wenig geübten Menschen zu entspannen …

Ende 1986 bin ich an Multipler Sklerose erkrankt, und seit Anfang 1988 leide ich unter Gleichgewichts- und Gehstörungen. Diese haben sich seitdem so weit verschlechtert, daß ich keine fünf Minuten an einem Stück gehen kann.
Seit ca. drei Monaten mache ich nun die Fünf »Tibeter«. Anfangs habe ich mit Mühe und Not jede Übung dreimal geschafft, mußte zwischendurch viele Pausen einlegen und mich hinterher lange erholen.
Heute mache ich, bis auf die erste, alle Übungen 21mal. Ich benötige zwar weiterhin meine Verschnaufpausen zwischendurch, brauche aber wesentlich weniger Zeit als anfänglich für die drei Wiederholungen pro Ritus. Und nach der letzten Übung genügt etwa eine Minute, um mich zu erholen.
Dies allein bedeutet eine enorme Steigerung für mich. Außerdem hat sich mein Gleichgewicht so verbessert, daß ich heute frei stehen kann, ohne mich abstützen zu müssen. Insgesamt bekomme ich langsam auch wieder mehr Muskeln. Und in letzter Zeit passiert es mir immer wieder, daß mich Freunde und Bekannte mit den Worten «Du siehst gut aus!» begrüßen. Ich bin so begeistert von den Fünf »Tibetern«, daß ich schon mehrere Exemplare des Buches verschenkt habe …

Seit Jahren leide ich an der Bechterewschen Krankheit, einer rheumatischen Erkrankung der Wirbelsäule. Die Fünf »Tibeter« haben jedoch zu einer verblüffenden Linderung meiner Schmerzen geführt, so daß die Krankengymnastik nunmehr besser wirkt ...

Ich bin fitter geworden, mein Aussehen wurde strahlender, der Brustumfang voller (3. Übung), und überhaupt ... die Übungen tun sooo gut!

☎ Die Fünf-»Tibeter«-Hotline: 0 88 08/9 10 96 (Näheres siehe S. 118)

Die vorstehenden Auszüge werden hier mit Zustimmung der Leser/innen veröffentlicht. Die Namen und Anschriften sind dem Verlag bekannt.

Das neue Geheimnis der «Quelle des Leidens»

Volksleiden Rückenschmerzen: Krank im Kreuz*

Jeder dritte Deutsche klagt über Rückenschmerzen, das Leiden wurde zum häufigsten Grund für Klinikeinweisungen, Tag für Tag werden mehr als 100 Bandscheibenkranke operiert. Ärzte rätseln über die Ursache der «neuen Epidemie». Sitzen wir uns krank? Oder ist das deutsche Volk nur wehleidiger geworden?...

Dem «Haltesystem» des Menschen, ohnehin durch die Evolution labilisiert, fehlen zunehmend die notwendigen Trainingsreize, wie sie Fußmärsche und körperliche Arbeit bedeuten: Die Muskeln werden immer schwächer, ermüden rasch und können das wacklige System Wirbelsäule nicht mehr geradehalten ...

Die ärztliche Vielgeschäftigkeit bei Rückenleiden – medizinisches Fachwort: «Polypragmasie» – sucht Arzt und Kranke mit den begrenzten Möglichkeiten der Hilfe zu versöhnen. Das ist bei Rückenschmerzen die erste Therapeutenpflicht; denn nicht nur die Leidenden rätseln über Ursache, Hilfsmaßnahmen und Verlauf, auch ihre weißbekittelten Helfer tappen im Dunkeln ...

Zu den Geheimnissen der modernen Epidemie des Rückenschmerzes muß auch ihre nationale und soziale Verteilung gerechnet werden: in den Ländern der Dritten Welt sind Bandscheibenvorfälle nahezu unbekannt, obwohl keiner der Experten hierfür einen anatomischen Grund anzugeben vermag ...

Von 100 Menschen, die irgendwann Rückenschmerzen spüren, suchen derzeit rund drei besonders Betroffene (oder besonders Vorsichtige) ärztlichen Rat. Die anderen verlassen sich auf Mutter Natur, auf die Spontanheilung oder den Tip eines medizinischen Laien ...

* DER SPIEGEL, Nr. 23, vom 3. Juni 1991 – Titelgeschichte. Die oben wörtlich zitierten Auszüge dürften auch für »Tibeter«-Übende hierzulande von Interesse sein – ein aktuell bleibender Anstoß, achtsam mit dem eigenen Körper und seinen Signalen umzugehen. Verlag und Herausgeber danken dem SPIEGEL für die Genehmigung zum Abdruck.

Faszination und praktisches Üben

von *Dr. Birgit Petrick*

Die hier genannten Übungsvarianten und Hilfen tragen der Tatsache Rechnung, daß ein erheblicher Teil von Yogaschülerinnen und -schülern unter zivilisationsbedingten Schäden leiden, was sich zum Beispiel als Schwäche des Rückens zeigt. Es liegt nahe, daß sich diese Beobachtung auf andere Menschen übertragen läßt, also auch auf diejenigen, die die Fünf »Tibeter« für sich als das ideale Energieprogramm entdecken.

Dieser aktuelle Anhang macht das Üben vielleicht nicht einfacher. Doch er erweitert die Möglichkeiten in Richtung sanfte Körpererfahrung. Wer den Hinweisen folgt, kann leichter entscheiden, was für sie oder ihn dabei stimmt – und danach eine individuelle Übungsversion der Fünf »Tibeter« für sich ausrichten.

Wie alles Üben braucht auch die Serie der Fünf »Tibeter« von Zeit zu Zeit die Kontrolle durch einen erfahrenen Pädagogen. Denn auch eine auf den ersten Blick so «erfolgreiche» Serie birgt Gefahren für den Übenden, *wenn er mit ihr nicht richtig umzugehen weiß.* An erster Stelle sind hier Schilddrüsenprobleme zu nennen, sowie Schwächen (Lordosen) im Nacken- und Lendenwirbelbereich, die verstärkt werden, wenn unphysiologisch bzw. nicht richtig geübt wird. Was heißt «richtig» in diesem Zusammenhang? Es heißt vor allem *angemessener Umgang mit sich selbst, das aufmerksame Beobachten des eigenen Übens, die Kenntnis der eigenen Möglichkeiten.* Da all dies sich dem Übenden erst allmählich im Laufe seiner Übungspraxis erschließt, ist es von großem Nutzen, wenn das dem Übenden in die Hand gegebene schriftliche Material mit größtmöglicher Präzision und ausreichender Ausführlichkeit die Übungsabfolge beschreibt und wenn nötig mehrere Alternativen zur Differenzierung anbietet, damit die Struktur einer Übung auch wirklich am eigenen Leib erfahren werden kann.

Was bedeutet nun die Forderung nach stärkerer Konkretisierung, Präzisierung und Differenzierung für die einzelnen Übungen der Fünf »Tibeter«? Sehen wir uns an, was hier ergänzend festzustellen ist:

Der Erste »Tibeter«

Weniger das Drehen selbst, also die eigentliche Übung, sondern das Beenden der Übung ist erfahrungsgemäß ein Problem und bedarf deshalb einer Hinführung, zum Beispiel folgendermaßen: Will man das Drehen beenden, bleibt man mit leicht geöffneten Füßen stehen, bringt dabei die Handflächen vor dem Körper (in Brustbeinhöhe) zueinander und schaut auf die Daumen. Dies hilft, wieder ins Gleichgewicht zu kommen.

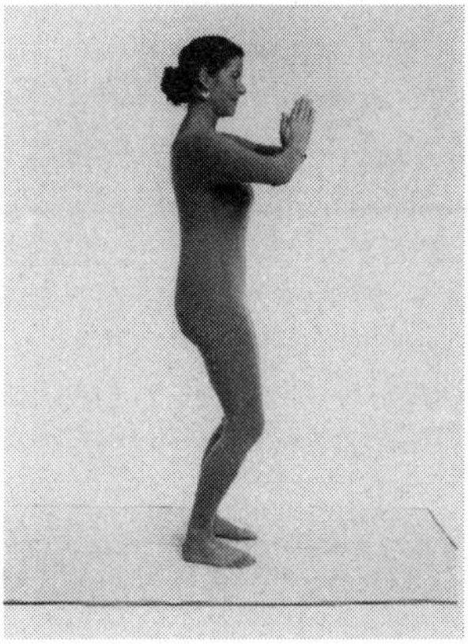

Der Zweite »Tibeter«

Der häufigste Fehler bei dieser Übung ist das Heben der Beine und zugleich des ***unteren Rückens.*** Dies schwächt den Rücken. Es ist also darauf zu achten, daß ***der ganze Rücken am Boden*** bleibt und ***nur die Beine*** gehoben werden.

Hilfreich ist es, wenn der Impuls dazu von den Fersen ausgeht, wenn man also die Fersen wegschiebt; die Zehen bewegen sich dabei in Richtung Schienbein. Diese Ausgangsstellung aktiviert die Strecker der Beine. Eine weitere Hilfe für das Heben der Beine sind die Hände. Wenn man ***sie unter das Gesäß*** legt, fällt es leichter, die Beine vom Boden in die Senkrechte zu bringen. ***Wer unter einem starken Hohlkreuz (Lordose) leidet, sollte unbedingt die Füße zuerst aufstellen und von da aus die Beine heben. In diesem Fall sollte man die Beine auch keinesfalls gestreckt ablegen, sondern wieder erst die Füße am Boden aufstellen, bevor man sie dann abrutschen läßt.***

Der Dritte »Tibeter«

Im Kniestand müssen die Zehen aufgestellt werden; die Abbildung zeigt dies zwar, aber viele Übende achten nicht darauf und geraten so noch stärker in die Gefahr, die Rückbeuge aus dem Lendenbereich heraus auszuführen – bei den meisten ohnehin die schwächste und am meisten gefährdete Partie – und nicht aus dem Brustwirbelbereich. ***Das Anspannen der Gesäßmuskeln wirkt hierbei einer Schwächung der Lendenwirbelsäule entgegen.*** Ich empfehle eine andere Haltung als die auf S. 36 gezeigte: Um das Abknicken ins Hohlkreuz zu vermeiden, stützt man die Hände rechts und links am Beckenkamm ab (d.h. hinten am oberen Beckenrand), die Fingerspitzen zeigen nach unten. Diese Position bereitet besser auf die Rückbeuge vor, da sich jetzt bereits die Schulterblätter einander nähern und sich damit der Brustbereich öffnet.

Nach meiner Erfahrung bereitet diese Übung besondere Schwierigkeiten wegen des wiederholten Vor- und Rückbeugens der Nackenwirbelsäule – ebenfalls ein Bereich, der zu schmerzhafter Lordose neigt. Unbedingt ist deshalb darauf zu achten, daß ***vor dem Senken des Kopfes nach vorn der Nacken in der Aufrichtung gedehnt wird. Dann erst – unter Führung des Kinns – den Kopf ein wenig senken, um ihn dann – ebenfalls unter Führung des Kinns – sehr behutsam mit in die Rückenbeuge hineinzunehmen.***

(Um den für Sie angemessenen Neigungsgrad des Kopfes nach hinten herauszufinden, machen Sie folgenden Test: Legen Sie eine Hand in den Nacken, und neigen Sie den Kopf nach hinten. Wenn Sie jetzt die Hand wegziehen, sollten Sie Ihren Kopf nicht weiter nach hinten sinken lassen.)

Eine Ausgleichübung im Anschluß an die letzte Wiederholung dieser Übung:

Der Vierte »Tibeter«

Ausgangspunkt für den Vierten »Tibeter« muß die Aufrichtung und Dehnung der Wirbelsäule sein. Dazu dienen die aufgestellten Hände, mit denen man sich wirklich abstützen sollte, um vollkommen aufgerichtet zu sitzen. ***Auch hier muß das Senken des Kopfes über die vorherige Dehnung des Nackens erfolgen.***

Um zu vermeiden, daß sich die Beine beugen bzw. gebeugt herangezogen werden, bevor man den Rumpf gehoben hat, muß die Hebebewegung des Rumpfes vom Becken bzw. vom unteren Rücken ausgehen – das heißt, man schiebt das Becken nach vorn in Richtung der Füße. Beim Ausatmen setzt man sich dann wieder zwischen die Hände und richtet die Wirbelsäule auf.

Eine Ausgleichübung im Anschluß an die letzte Wiederholung dieser Übung:

Der Fünfte »Tibeter«

Den Fünften »Tibeter« beginnt man am besten aus der Bauchlage, um den passenden Abstand zwischen Händen und Füßen zu haben. Man stellt die Hände neben dem Brustkorb auf, die Zehen sind aufgestellt, und stemmt sich mit Hilfe der Arme aus der Kraft des Rückens in die Ausatmen-Stellung. ***Dabei werden die Gesäßmuskeln angespannt, um einer Schwächung der Lendenwirbelsäule entgegenzuwirken.*** Beim Einatmen hebt man das Gesäß und kommt in die Position «umgedrehtes V», indem man das Gesäß nach oben und gleichzeitig nach hinten bewegt. Dies erzeugt die gewünschte Dehnung im Lendenbereich.

Diese Übung sollte unbedingt ***barfuß auf völlig rutschfestem Untergrund*** praktiziert werden (möglichst auf einem Holz- oder Steinfußboden). Übt man nämlich auf einem Teppich, hat der Körper soviel damit zu tun, in der Balance zu bleiben, daß die Kraft für längeres Üben schnell und an falscher Stelle verbraucht ist.

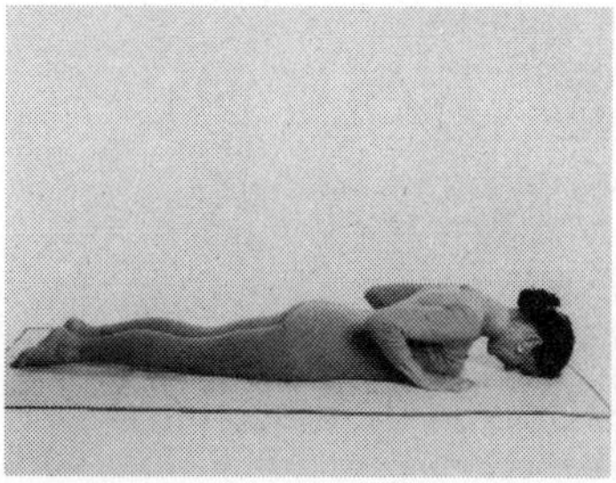

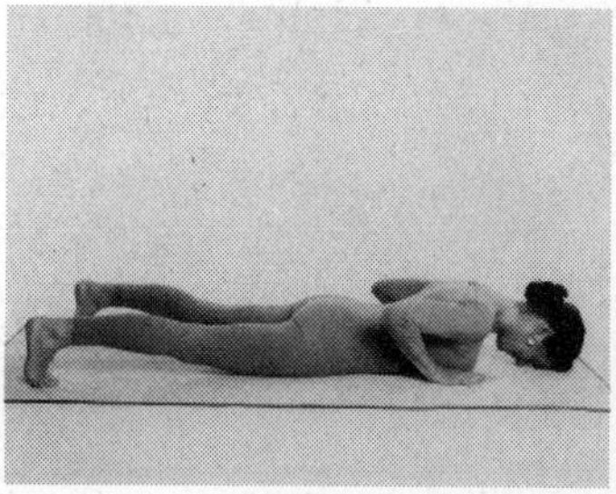

Eine Ausgleichübung im Anschluß an die letzte Wiederholung dieser Übung:

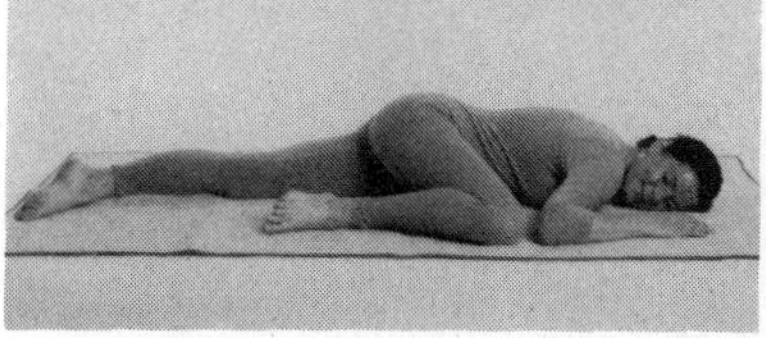

Affirmationen lenken die Energie

von *Maruscha Magyarosy* und *Volker R. Karrer*

Ganz hinten in unserem Kopf läuft unentwegt ein Dialog ab. Nicht zu Ende gedachte Gedanken, auch die von anderen, inszenieren da ein Werbespektakel knapp an der Hörgrenze des inneren Ohrs. Was die Gedanken, stellvertretend für uns, wiederkäuend behaupten, ist nicht unbedingt in unserem Interesse. Sie sagen uns – perfiderweise in der Ich-Form –, daß es uns schlecht geht, daß wir es nicht schaffen, daß wir blöde, nicht schön, unwürdig, daneben, noch nicht so weit, nicht gut genug oder krank sind, daß unsere Erfolge Zufall sind und Glück nicht lange hält. Mal ehrlich: Glauben Sie an all den Unsinn in Ihrem «Hinterkopf»?

Interessant ist, daß diese nicht oder halb wahrgenommenen Gedankenmuster ***die Richtung unseres Lebens*** bestimmen. Sie bewirken, daß wir uns immer wieder wundern – über immer wieder dieselben Dinge, die uns «passieren». Eine alte Weisheit besagt, daß der Geist die Materie erschafft oder die Materie dem folgt, was der Geist vorgibt («matter follows mind»). Bevor Sie die Fünf »Tibeter« entdeckten, war Ihr Geist schon bereit für diese Chance. Wie wollen Sie nun die Energie nutzen, die Sie durch das Üben der »Tibeter« nach und nach freisetzen?

Gedanken sind Energie. Bewußte Gedanken sind ***gerichtete Energie.*** Affirmationen sind bewußte Gedanken, die auf positive, inspirierende und befreiende Wirkung zielen. Mit Affirmationen *lenken* Sie die freigesetzte Energie. Mit anderen Worten: Sie entlasten Ihren (Hinter-)Kopf und bestimmen *selbst,* wohin die Reise geht ...

Auf den folgenden Seiten finden Sie eine Auswahl von Affirmationen, die ich in meiner Arbeit einsetze. Dieselbe Zusammenstellung ist, zusammen mit Musik, auf den »Tibeter«-Kassetten zu hören. [Kassetten-Seite 3, Die Fünf »Tibeter« – Audio-Set bzw. Medien-Set, Wessobrunn 1991, Integral Verlag].
Wählen Sie daraus diejenigen, die Ihrer jeweiligen Situation und Ihren Bedürfnissen besonders entsprechen. Entwickeln Sie Ihre eigenen Affirmationen (Verneinungen vermeiden! Formulieren Sie Ihre Zielvorstellung positiv, als bereits erfüllten Wunsch!).
Sie können Affirmationen auch auf Band sprechen und diese hören, während Sie in der Wohnung sind, Auto fahren usw. Auch das Niederschreiben von Affirmationen ist sehr wirksam – auf den Spiegel oder ein Blatt, das dann gut sichtbar an der Wand hängt. Lassen Sie sich inspirieren!

Zum Ersten »Tibeter«

Ich atme tief, ruhig und entspannt
Ich bin Leichtigkeit, Licht, Liebe, Lachen ...
Ich bewege mich jederzeit bewußt

Jeder Atemzug gibt mir neue Energie
Ich bin strahlende Lebenskraft
Ich bin in jedem Augenblick Schöpfer meines Lebens

Mein Verstand und mein Herz sind im Gleichgewicht
Meine Energie fließt frei und offen
Ich empfinde meinen Körper als harmonisches Ganzes

Ich lasse mich atmen
Mein Körper wird leichter und leichter
Im Atmen verbinde ich Körper, Geist und Seele

Ich erlaube meinem Atem, seinen natürlichen Rhythmus zu finden
Ich löse mich von allem Negativen
Ich vertraue der Weisheit meines Körpers

Meine Bewegungen folgen meinem Atem
Ich überlasse mich dem Fluß des Lebens
Ich bin immer zur richtigen Zeit am richtigen Ort und tue mit Erfolg genau das Richtige

Zum Zweiten »Tibeter«

Ich atme tief, ruhig und entspannt
Ich lebe bewußt aus meiner Mitte
Ich bewege mich jederzeit bewußt

Jeder Atemzug gibt mir neue Energie
Ich fühle mich mit meinem Körper verbunden
Ich bin in jedem Augenblick Schöpfer meines Lebens

Mein Verstand und mein Herz sind im Gleichgewicht
Ich achte auf die Botschaften meines Körpers
Ich empfinde meinen Körper als harmonisches Ganzes

Ich lasse mich atmen
Ich habe jede Menge Zeit für die wesentlichen Dinge in meinem Leben
Im Atmen verbinde ich Körper, Geist und Seele

Ich erlaube meinem Atem, seinen natürlichen Rhythmus zu finden
Meine Innenwelt und meine Außenwelt sind im Gleichgewicht
Ich vertraue der Weisheit meines Körpers

Meine Bewegungen folgen meinem Atem
Ich bin offen für die Wahrnehmung meiner tiefen Bedürfnisse
Ich bin immer zur richtigen Zeit am richtigen Ort und tue mit Erfolg genau das Richtige

Zum Dritten »Tibeter«

Ich atme tief, ruhig und entspannt
Ich öffne mich der Schönheit des Lebens
Ich bewege mich jederzeit bewußt

Jeder Atemzug gibt mir neue Energie
Grenzenlose Energie strömt durch meinen Körper
Ich bin in jedem Augenblick Schöpfer meines Lebens

Mein Verstand und mein Herz sind im Gleichgewicht
Ich öffne mich meiner eigenen Schönheit
Ich empfinde meinen Körper als harmonisches Ganzes

Ich lasse mich atmen
Ich fühle mich mit Himmel und Erde verbunden
Im Atmen verbinde ich Körper, Geist und Seele

Ich erlaube meinem Atem, seinen natürlichen Rhythmus zu finden
Mein Mut und meine Ausdauer wachsen von Tag zu Tag
Ich vertraue der Weisheit meines Körpers

Meine Bewegungen folgen meinem Atem
Ich stelle mich den Herausforderungen in meinem Leben
Ich bin immer zur richtigen Zeit am richtigen Ort und tue mit Erfolg genau das Richtige

Zum Vierten »Tibeter«

Ich atme tief, ruhig und entspannt
Ich drücke mein Bewußtsein über meinen Körper aus
Ich bewege mich jederzeit bewußt

Jeder Atemzug gibt mir neue Energie
Energie belebt meinen Körper bis in jede Zelle
Ich bin in jedem Augenblick Schöpfer meines Lebens

Mein Verstand und mein Herz sind im Gleichgewicht
Ich erlaube meinem Körper, dem Rhythmus von Ebbe und Flut zu folgen
Ich empfinde meinen Körper als harmonisches Ganzes

Ich lasse mich atmen
Mein Wissen und mein Handeln sind im Gleichgewicht
Im Atmen verbinde ich Körper, Geist und Seele

Ich erlaube meinem Atem, seinen natürlichen Rhythmus zu finden
Ich bin kraftvoll und lebendig
Ich vertraue der Weisheit meines Körpers

Meine Bewegungen folgen meinem Atem
Jedes Mal, wenn ich das Leben genieße, mache ich der Welt und mir selbst ein Geschenk
Ich bin immer zur richtigen Zeit am richtigen Ort und tue mit Erfolg genau das Richtige

Zum Fünften »Tibeter«

Ich atme tief, ruhig und entspannt
Ich bin körperlich und geistig flexibel
Ich bewege mich jederzeit bewußt

Jeder Atemzug gibt mir neue Energie
Ich bin im Fluß mit dem Rhythmus meines Körpers
Ich bin in jedem Augenblick Schöpfer meines Lebens

Mein Verstand und mein Herz sind im Gleichgewicht
Mein Körper ist schön und geschmeidig
Ich empfinde meinen Körper als harmonisches Ganzes

Ich lasse mich atmen
Ich spüre und genieße meine Vitalität
Im Atmen verbinde ich Körper, Geist und Seele

Ich erlaube meinem Atem, seinen natürlichen Rhythmus zu finden
Ich bin und bleibe jung und dynamisch
Ich vertraue der Weisheit meines Körpers

Meine Bewegungen folgen meinem Atem
Ich konzentriere mich jetzt auf das Wesentliche in meinem Leben
Ich bin immer zur richtigen Zeit am richtigen Ort und tue mit Erfolg genau das Richtige

Ein heilendes Abschlußritual

von *Stephan Kugel*

Wer über längere Zeit die Fünf »Tibeter« praktiziert, kann gelegentlich feststellen, daß in ihm einiges geschieht: mit dem Energiezuwachs klären sich «unaufgeräumte» Dinge im Leben. Das wirkt befreiend. Zuvor gibt es jedoch noch einiges anzuschauen – was zunächst nicht leicht fallen mag. Wenn in einer solchen Entwicklung ungewohnte Gefühle hochkommen, so ist dies durchaus ein positives Zeichen.

Leben ist Aufrichtung – Aufrichtung zur Aufrichtigkeit, von der Erde zum Himmel, von Dunkelheit zu Licht, von Yin zu Yang. Der Mensch ist mit einer Aufgabe auf die Erde gekommen: die Erde zu transformieren – von hart zu weich, von weich zu flüssig, von flüssig zu gasförmig, von gasförmig zu Licht. Es geht dabei immer um den Schritt vom Unbewußtsein zum Bewußtwerden ...

Die Übungen der Fünf »Tibeter« schaffen ein energetisches Klima, das zur Offenheit führt. Für mich sind sie tatsächlich Karma-Beschleuniger. Während ich die Fünf »Tibeter« mache, gebe ich *durch das körperliche Üben* meinen Chakren eine «Reinigungs-Energie» von 24500 Biometer-Einheiten (das Rutenmaß nach Bovis). Das ist keine «wissenschaftliche», aber eine in höchstem Maß *empirische* Größe: die höchste Ebene, die ein Mensch reiflich in seinem Energiekörper, also im Leben erreichen kann.

Beim Üben der Fünf »Tibeter« wird letztlich die individuelle Seelenenergie immer ein wenig angehoben. Dabei tritt Karma in das Bewußtsein, was den Reifungsprozeß von Körper, Seele und Geist beschleunigt. Je intensiver dies geschieht, desto wichtiger ist es, sich zum Abschluß energetisch zu reinigen.

Das folgende Ritual der Wasserreinigung habe ich vielen Ärzten, Masseuren und Menschen gezeigt, die andere behandeln. Es ist eine Methode, die dabei hilft, frei und offen zu werden.

Die Wasserreinigung

1. Begeben Sie sich in ein Gefühl der Demut und Offenheit.
2. Lassen Sie Wasser aus dem Hahn fließen, und benetzen Sie sich damit:
   a. 3 × – die rechte Hand streicht Wasser über die linke
      3 × – die linke Hand streicht Wasser über die rechte
   b. 3 × – den Mund ausspülen, dabei mit der rechten Hand das Wasser zum Mund, mit der linken Hand den Mund abwischen
   c. 3 × – Wasser die Nase hochziehen und ausblasen, dabei mit der rechten Hand das Wasser zur Nase, mit der linken Hand abtrocknen
   d. 3 × – das Gesicht mit beiden Händen benetzen
   e. 3 × – über den rechten Unterarm bis zum Ellbogen streichen
      3 × – über den linken Unterarm bis zum Ellbogen streichen
   f. 1 × – mit beiden Händen über die Haare streichen
   g. 3 × – Schläfen, Hals und Ohren mit beiden Händen benetzen
   h. 3 × – linke Hand streicht den rechten Fuß hoch bis über den Knöchel
      3 × – rechte Hand streicht den linken Fuß hoch bis über den Knöchel
3. Einige Momente der Stille in Dankbarkeit.

Sollten Sie gerade kein Wasser in erreichbarer Nähe haben, nehmen Sie einfach «Licht», d. h. Sie visualisieren (stellen sich in deutlichen inneren Bilder vor), wie Sie den ganzen Vorgang mit Licht durchführen.

Dies ist eine vollständige Reinigung des Energiekörpers und ist deshalb am Morgen und am Abend oder bei aufkommendem Streßgefühl sehr heilsam. Empfehlenswert ist sie nach den Fünf »Tibetern« und nach einer radiästhetischen oder energetischen Arbeit. Macht man diese Reinigung nach dem Aufwachen, vor allem die der Nase, ist man sofort wach …

Nützliche Informationen für die Übungspraxis

Die Fünf-»Tibeter«-Trainer-Ausbildung

Das Fünf-»Tibeter«-Ausbildungsprogramm ist als Fortbildung für Körpertherapeuten und Menschen in heilenden Berufen geeignet. Aber auch alle anderen Interessenten sind eingeladen, das Training zu ihrem eigenen und dem Nutzen anderer zu absolvieren. Bei erfolgreichem Abschluß erhält jeder Teilnehmer ein Zertifikat, das ihn zum Lehren der Fünf »Tibeter« berechtigt.

Die beiden erfahrensten und vom Verlag lizenzierten »Tibeter«-Lehrer/innen Maruscha Magyarosy (gemeinsam mit Carlos Liebetruth) und Brigitte Gillessen haben ein ca. 60 Stunden umfassendes Ausbildungsprogramm entwickelt. Der Kern beider Ausbildungen ist die korrekte Vermittlung der fünf Riten. Darüber hinaus hat jede ihren persönlichen thematischen Schwerpunkt für das Training gebildet.

Frau Magyarosy ist Yogalehrerin, Körpertherapeutin und Autorin. Sie wurde durch ihre persönliche Erfahrung mit den Fünf »Tibetern« auf den Weg der Entdeckung der Intelligenz und Weisheit des Herzens geführt.

Frau Gillessen ist Hebamme, Heilpraktikerin und Autorin. Im Zentrum ihrer Ausbildung steht die Lehre der seit Jahrtausenden gültigen Energiegesetze und die Verbindung jedes Ritus mit einer geistigen Qualität.

Ausbildungsprogramm
Maruscha Magyarosy

In diesem Training vermitteln wir:

- Die korrekte Praxis und Theorie der fünf einfachen Bewegungsabläufe und deren unterschiedliche Wirkungen
- Fachliches Wissen der Chakrenlehre und des entsprechenden Drüsensystems
- Ergänzende wirkungsvolle Körper-, Atem- und Bewußtseinsmethoden zur Steigerung unserer Lebensqualität, unseres ganzheitlichen Wohlbefindens sowie zur Entfaltung unserer Intuition und Kreativität.

Im Training werden Räume geschaffen für persönliche Erfahrungen physischer und psychischer, energetischer und spiritueller Zusammenhänge als Ausgangsbasis für eine verantwortungsvolle Vermittlung der Riten.

Didaktische Einheiten zur Vorbereitung der späteren praktischen Arbeit erweitern das Können der Teilnehmer. Sie werden durch diese Ausbildung befähigt, selbstverantwortlich Gruppen zu leiten. Jeder ist eingeladen, das Fünf-»Tibeter«-Training auch nur für sich selbst zu absolvieren. Körpertherapeuten und Menschen in pädagogischen Berufen erweitern ihre fachliche Kompetenz und können ihr eigenes kreatives Potential steigern. Die Fünf »Tibeter« können anschließend in die berufliche Praxis eingebunden werden.

Aus dem Programm:

1. Ursprung und Geheimnis der fünf Riten
2. Alles über den Sechsten »Tibeter«
3. Die «Geheime Pforte»
4. Atem – der Puls unseres Lebens
5. Unser Körper, das «Buch mit den Sieben Siegeln»

6. Kreatives Affirmieren und Visualisieren: die Kraft unserer Gedanken, die Macht des gesprochenen Wortes, die Magie unserer Vorstellung
7. Surya Namaskar: der Sonnengruß
8. Die Zwölf Diamanten
9. Vom äußeren Fitneß-Training zur InFit-Meditation
10. Die Intelligenz des Herzens – der Herz-Atem und das Herz-Sutra
11. Die Quelle allen Lebens
12. Das letzte Geheimnis – der Schlüssel zu unserem Ursprung

Weitere Informationen erhalten Sie unter den folgenden Adressen:

- Yoga-Studio Maruscha Magyarosy, Pernerkreppe 22, D-81925 München, Tel./Fax (Deutschland) (0)89/9 57 81 20
- Institut für Massage & Reflexzonen-Therapie, Carlos G.J. Liebetruth, Wilhelmstraße 27, D-80801 München, Tel. (Deutschland) (0)89/34 81 65, Fax (Deutschland) (0)89/34 70 95
- oder unter der Fünf-»Tibeter«-Hotline, Sabine Wissmann, Tel. (Deutschland) (0)88 08/9 10 96

Literaturempfehlungen:

- Maruscha Magyarosy, *Intelligenz des Herzens durch die Fünf »Tibeter«* (erscheint Ende September 1997)
- Brigitte Streubel/Maruscha Magyarosy, *Die Fünf »Tibeter« in Aktion*-Video

Ausbildungsprogramm
Brigitte Gillessen

In der Fünf-»Tibeter«-Trainerausbildung werden folgende Themen erarbeitet:

- Die Bewegungsabläufe der Fünf-»Tibeter«-Riten
- Hilfestellungen bei Bewegungseinschränkungen und bei körperlichen Beschwerden
- Einführung in die Anatomie mit besonderem Schwerpunkt auf der Wirbelsäule
- Das Chakrasystem: Methoden zur Öffnung, Heilung und Aktivierung der feinstofflichen Zentren
- Die feinstoffliche Anatomie und das Zusammenwirken der körperlichen, emotionalen, mentalen und spirituellen Ebenen unseres Seins
- Der Atem: seine reinigende und heilende Kraft
- Meditation: Es werden verschiedene Meditationstechniken vorgestellt und geübt
- Visualisation und Träume: Werkzeuge, die Realität zu verändern
- Energiearbeit: Wahrnehmen, Fühlen, Aktivieren und Aussenden von Energien. Die Kommunikation mit den Energieebenen Mineralreich, Pflanzenreich, Tierreich, Engelreich, geistige Hierarchie
- Sensitive Testmethoden Pendel, Wünschelrute, Kinesiologie
- Lichtarbeit
- Das Energieprogramm: Techniken, die den körperlichen Übungen eine geistige Qualität hinzufügen und eine Belebung und Energetisierung unserer Körper-, Geist- und Seele-Einheit bewirken
- Praktisches Gestalten kleiner Unterrichtseinheiten
- Wie gestalte ich einen Fünf-»Tibeter«-Kurs: praktische Tips zur Prospektgestaltung, Werbemöglichkeiten, Kursgestaltung
- Prüfung: Nach jedem Wochenende wird ein Fragenkatalog erstellt, der bis zum nächsten Wochenende auszuarbeiten ist.

Er soll als Selbstkontrolle dienen, inwieweit die Unterrichtsinhalte integriert worden sind.

- Zertifikat: Nach erfolgreichem Abschluß der Ausbildung wird vom Integral Verlag ein Zertifikat ausgehändigt, das zum Unterrichten der Fünf »Tibeter» berechtigt.

Weitere Informationen erhalten Sie über die folgende Adresse:

- Brigitte Gillessen, Balanstraße 365, D-81549 München, Tel. (Deutschland) (0)89/68 07 07 01, Fax (Deutschland) (0)89/68 07 07 02
- oder über die Fünf-»Tibeter«-Hotline, Sabine Wissmann, Tel. (Deutschland) (0)8808/91096

Literaturempfehlungen:

- Brigitte Gillessen, *Das Energieprogramm der Fünf »Tibeter«* (erscheint Ende September 1997)
- Wolfgang und Brigitte Gillessen (Hrsg.), *Erfahrungen mit den Fünf »Tibetern«*

Aktuelles Verzeichnis der Kursanbieter

* 08312 Lauter, Monika Lein, Heinrich-Heine-Str. 30, Tel. 0 37 71/72 29 74
10555 Berlin, Henning Kandt, Elberfelder Str. 9, Tel. 030/3 92 80 19
10787 Berlin, Sigrid Kaiser, Keithstr. 14, Tel. 030/8 31 13 36
12203 Berlin, Rosa Maria Stoske, Roonstr. 39a, Tel. 030/8 34 01 52
15711 Königs-Wusterhausen, Karin Hübner, Händelstr.7, Tel. 0 33 75/29 56 52

22149 Hamburg, Gudrun Sanders, Brockdorffstr. 18a, Tel. 040/6 73 32 68
22523 Hamburg, Gabriele Scholz, Immenweide 91, Tel. 040/5 71 41 33
22607 Hamburg, Barbara Simonsohn, Holbeinstr. 26, Tel. 040/89 53 38
22926 Ahrensburg, Gerhard Hackenberg, Am Haidschlag 38, Tel. 0 41 02/5 57 51
25704 Meldorf, Kurbad und Sonnenstudio Bähr, Gisela Bähr, Hindenburgstr. 3, Tel. 0 48 32/77 43
25718 Friedrichskoog, Brigitte Schieber-Sassenroth, Erlenweg 7, Tel. 0 48 54/12 20
25846 Hattstedt, Susanne Steyer-Werner, Drift 43, Tel. 0 48 46/6 30 30
27386 Hemsbünde, Gerda Arldt, Hübenkamp 46, Tel. 0 42 61/6 35 50
27472 Cuxhaven, Frank Seipke, Friedrichstr. 14, Tel. 0 47 21/3 81 80
27616 Beverstedt, Barbara-Elisabeth Hahn, Danziger Str. 12, Tel. 0 47 47/632
28357 Bremen, Richard Bremse, Am Rüten 204, Tel. 04 21/25 67 25
* 29568 Wieren, Bozena Ramünke, Am Vorberg 11, Tel. 0 58 25/13 83

* 31655 Stadthagen, Peter Ouwerkerk, Reinekingstr. 10, Tel. 0 57 21/8 24 08
34134 Kassel, Reni Fröhlich, Hermann-Mattern-Str. 6, Tel. 05 61/40 67 99
36041 Fulda,Gerhard Büttner, Am Flugplatz 9, Tel. 06 61/4 49 46
36269 Philippsthal, Sibylle Mohr, Thalhäuserweg 34, Tel. 0 66 20/71 24
39307 Genthin, Heidi Wolf, Karower Str. 12, Tel. 0 39 33/80 20 34

40885 Ratingen, Tanzraum Lintdorf, Gabriela Haase, Am Potekamp 47, Tel. 0 21 02/84 27 26
42349 Wuppertal, Christa Kuntze, Am Köhler 4, Tel. 02 02/40 02 20
42899 Remscheid-Lüttringhausen, Priv. Lehrstätte für Entspannungsverfahren, Carmen und Dietmar I. Murawski, Kreuzbergstr. 10, Tel. 0 21 91/2 18 23
* 45470 Mülheim, Dörte Lange-Komorek, Mendener Str. 15, Tel. 02 08/37 53 66
45966 Gladbeck, Frank Kazuschke, Krugstr. 11, Tel. 0 20 43/98 91 13
48488 Emsbüren, Maria-Magdalena Johenncken, Kuhm 2, Tel. 0 59 03/77 85

* 50226 Frechen, Ralf Schnitzler, Jakoab-Cremer-Str. 3, Tel. 0 22 34/27 41 10
50529 Pulheim, Marina Lang, Gilbachstr. 30, Tel. 0 22 38/5 81 04
53177 Bonn - Bad Godesberg, SKR Studien-Kontakt-Reisen, Luise Müller, Kurfürstenallee 5, Tel. 02 28/35 70 13-17
54550 Daun, Akademie für Präventivmedizin, Beate Barbara Chruscz-Grett, Abt-Richard-Str. 16, Tel. 0 65 92/80 11
54550 Daun, Edeltraud Schneider, Waldenbungert 4, Tel. 0 65 92/34 38
56330 Kobern-Gondorf, Dorothea Pellin, Römer Str. 28, Tel. 0 26 07/61 62
56727 Mayen, Bija Margund Thielen, Göbelstr. 29, Tel. 0 26 51/7 82 12
* 57413 Finnentrop-Heggen, Brigitte Färber-Labs, Am Sportplatz 12, Tel. 0 27 21/5 00 11
* 58675 Hemer, Christiane Amelung, Brandeiche 10a, Tel. 0 23 72/23 20
* 58802 Balve, Sieglinde Kubat, Zum Langenloh 25, Tel. 0 23 75/32 29
59348 Lüdinghausen, Maria Grommes, Peickskamp 18, Tel. 02 51/98 98 88

* 60316 Frankfurt, Gisela Ross, Günthersburgallee 56, Tel. 069/44 65 14
* 60596 Frankfurt, Gabriela Ristow-Leetz, Böcklinstr. 6, Tel. 069/63 24 40
61328 Bad Homburg, Gisela Köhm, Altgonzenheim 20, Tel. 0 61 72/45 75 50
63526 Erlensee, Romy Bott, Friedrich-Ebert-Str. 1, Tel. 0 61 83/38 43
* 64293 Darmstadt, Brigitte Schiechel, Am Alten Bahnhof 6, Tel. 0 61 51/89 76 36
* 64625 Bensheim, Naturheilpraxis, Ilse Grote, Fehlheimer Str. 12, Tel. 0 62 51/31 88
64658 Fürth/Odenwald, Waltraud Müller, Centwald 2, Tel. 0 62 53/93 21 60
64839 Münster, meinFreiRAUM, Karin Lackmann, Königsberger Str. 4, Tel. 0 60 71/3 77 33
64850 Schaafheim, Thomas Draxler, Friedrich-Ebert-Str. 6, Tel. 069/2 61 31 04
* 65187 Wiesbaden, Renate M. Weil, Brentanostr. 25, Tel. 06 11/80 52 63
* 65618 Selters/Ts., Edith Brühl, An den Birken 12, Tel. 0 64 83/74 07
65795 Hattersheim, Christel Sturm, Mainstr. 26, Tel. 0 61 90/93 01 78
* 65824 Schwalbach, Elisabeth Müller-Rohrbacher, Schönberger Weg 12, Tel. 0 61 96/8 16 72
66117 Saarbrücken, Horst Pinkel, Hohenzollernstr. 150, Tel. 06 81/5 89 66 99
* 66424 Homburg, Gesundheitszentrum am Marktplatz, Barbara Theiss, Marktplatz 12, Tel. 0 68 41/1 51 62
68161 Mannheim, Resonanz-Zentrum, Birgit Bonk, O 7, 6, Tel. 06 21/10 51 04
68161 Mannheim, Resonanz-Zentrum, Ursula Lokar, O 7, 6, Tel. 06 21/10 51 04
68161 Mannheim, Resonanz-Zentrum, Wolfgang Neutzler, O 7, 6, Tel. 06 21/10 51 04
69509 Mörlenbach, Theresia Breier, Klein-Breitenbach 8b, Tel. 0 62 09/44 15
69509 Mörlenbach, Waltraud Zobel-Lachmann, Klein Breitenbach 58, Tel. 0 62 09/53 14

70709 Fellbach, Sigrun Paul, Postfach 1951, Tel. 07 11/58 27 91
71149 Bondorf, Werner J. Dobner, Baumgartenweg 31, Tel. 0 74 57/17 25
72202 Nagold/Mindersbach, Margarita Tubach, Bopserweg 22, Tel. 0 74 52/9 20 22
72202 Nagold-Hochdorf, Ellen Ruth Zechner, Achalmstr. 27/6, Tel. 0 74 59/24 02
72419 Neufra, Rolf Pfaff, Goethestr. 3, Tel. 0 75 74/36 00
76872 Minfeld, Ralf Robert Schweickart, Herrengasse 3, Tel. 0 72 75/88 79
77933 Lahr-Hugsweier, Karin Obert, Untere Mühle 1, Tel. 0 78 21/4 34 31
78479 Insel Reichenau, Marianne Breuer, Hasenhof 19, Tel. 0 75 34/17 14
78570 Mühlheim, Elke Buschle, Nelkenstr. 15, Tel. 07 46 31/5 72 18
79102 Freiburg, Ulrike Fahlbusch, Kartäuserstr. 88, Tel. 07 61/38 19 80
79713 Bad Säckingen 11, Hannelore Kremer, Schwyzerweg 26, Tel. 0 77 61/79 42

80639 München, Monika Krug, Hubertusstr. 1, Tel. 089/17 59 15
* 80796 München, Wolfgang Hillig, Hohenzollernstr. 112, Tel. 089/3 08 06 49
80801 München, Carlos Liebetruth, Wilhelmstr. 27, Tel. 089/34 81 65
80804 München, Gesundheitszentrum Schwabing, Inka Jochum, Leopoldstr. 194, Tel. 089/3 68 98 04
80804 München, Uschi Ploner, Heidelbergerstr. 10, Tel. 089/36 27 36
* 80805 München, Karin Henning, Osterwaldstr. 73, Tel. 089/36 10 91 22
81371 München, Dr. Birgit Petrick, Valleystraße 48, Tel. 089/77 79 79
81549 München, Brigitte Gillessen, Balanstr. 365, Tel. 089/68 07 07 00
81675 München, Penny McLean, Neherstr. 7
81925 München, Institut für «Inner Fitneß», Maruscha Magyarosy, Pernerkreppe 22, Tel. 089/9 57 81 20
83209 Prien, Helga Lang, Hochriesstr. 25b, Tel. 0 80 51/6 46 05
84051 Essenbach/Mirskofen, Reinhilde Pönisch, Arberstraße 9, Tel. 0 87 03/17 36
* 84144 Geisenhausen, Hanns Held, Johannesstr. 6, Tel. 08 74/3 18 08
* 84489 Burghausen, Heidi Nardella, Marktler Str. 67b, Tel. 0 86 77/44 15
86152 Augsburg, Matthias Möller, Stadtjägerstr. 17, Tel. 08 21/15 87 30
86720 Nördlingen, Uschi Eickmann, Breitengwand 8,
Tel. 0 90 81/8 61 80
86916 Kaufering, Oliver Junker, Raiffeisenstr. 25, Tel. 0 81 91/6 51 58
* 87435 Kempten, Eva-Maria Remy, Rathausplatz 2, Tel. 08 31/1 81 42
* 87534 Oberstaufen, Angelika Kaiser, Postfach 93,
Tel. 00 43/55 16/2 67 51
* 87629 Füssen, Barbara Lent, Theresienstr. 10, Tel. 0 83 62/94 00 32
87700 Memmingen, Ingrid Gaydon, Michael-Rehm-Str. 18, Tel. 0 83 31/49 61 39
87700 Memmingen, Helmut Pfaus, Otto-Hahn-Str. 1, Tel. 0 83 31/49 54 58

91617 Oberdachstetten, Günter Fluhrer, Ansbacher Str. 11, Tel. 0 98 45/10 04
* 91729 Haundorf, Ilse Rudolf, Weinbergstr. 22, Tel. 0 98 37/7 93
92280 Kastl/Oberpfalz, Gesundheitspraxis Kastl, Stefan Klatt, Brauhausgasse 8, Tel. 0 96 25/2 19
93107 Thalmassing, Lebenshilfe Astrologie, Konrad Gruber, Hauptstr. 47, Tel. 0 94 53/94 09
94161 Ruderting, Michael Hentschel, Ruchtastr. 5, Tel. 0 85 09/33 01
97234 Reichenberg, OKK-Verlag, Dieter Schmitt, Am Höchberg 34, Tel. 09 31/66 12 49
* 97892 Kreuzwertheim, Peter-Michael Keck, Gemeindedinger 70, Tel. 0 93 42/3 72 73
97980 Bad Mergentheim, Elke Auler, Beim Braunstall 10, Tel. 0 79 31/67 74

A-1070 Wien, Atem-Kultur-Zentrum, Gabi Durkowitsch, Hermanngasse 30, Tel. 00 43/1/5 26 47 50
A-1070 Wien, In-Joy, Krista Miriam Koren, Gutenberggasse 19, Tel. 00 43/2 22/5 22 24 23
A-3521 Untermeisling 30, Helga und Stefan Kugel, Tel. 00 43/27 17/53 02
A-4540 Bad Hall, Tassilo Gesundheitszentrum, Barbara Mag. Müllner, Kurpromenade 1, Tel. 00 43/72 58/30 84/2 82
A-5084 Grossgmain, Waltraud Lang-Schwartz, Salzburgerstr. 413, Tel. 00 43/62 47/73 39

CH-6300 Zug, Klubschule Migros, Katja Mosele, Metallstraße 6, Tel. 00 41/42/22 26 22
CH-8606 Greifensee, Esther Blessing, Im Näpenriet 8, Tel. 00 41/1/9 41 20 15
CH-8909 Zwillikon/Affoltern, Hermann Kaufmann, Weidstraße 16, Tel. 00 41/1/7 61 12 66
CH-9443 Widnau, Josefine Sieber, Zehntfeldstr. 16, Tel. 00 41/71/72 13 71
CH-9475 Sevelen, Myrtha Creydt, Guschastr. 13, Tel. 00 41/81/7 85 24 92

FL-9490 Vaduz, Arnold Lanz, Immagass 1a, Tel. 00 41/75/2 33 33 20

Kenia Mombasa, Nyali Physiotherapy Clinic, M. Masika, P.O. Box 84581

Die mit * gekennzeichneten Namen sind Kursleiter, die bei Frau Magyarosy die vom Integral Verlag lizenzierte Ausbildung zum Trainer für die Fünf »Tibeter« absolviert haben.
Das Verzeichnis wird ständig aktualisiert. Weitere Kursanbieter erfahren Sie über die Fünf-»Tibeter«-Hotline, Sabine Wissmann, Tel. 0 88 08/9 10 96.

Die Fünf-»Tibeter«-Hotline

Seit dem 1. Januar 1997 hat der Integral Verlag unter der Telefonnummer 0 88 08/9 10 96 eine Hotline eingerichtet. Interessierte erhalten dort Antworten auf Fragen aus der Übungspraxis sowie Informationen über aktuelle Kursangebote, Seminarleiter, Neuerscheinungen zu den Fünf »Tibetern« und das offizielle Ausbildungsprogramm. Alle Anfragen werden von der Seminarleiterin und »Tibeter«-Expertin Sabine Wissmann kompetent und freundlich behandelt.

Die Hotline ist Dienstags und Donnerstags jeweils von 8.30 bis 12.00 Uhr besetzt. Zu allen übrigen Zeiten können Sie eine Nachricht auf dem Anrufbeantworter hinterlassen.

Sabine Wissmann beantwortet auch Ihre schriftlichen Anfragen. Richten Sie Ihre Korrespondenz – mit einem frankierten, bereits adressierten Rückumschlag versehen – bitte an:

Integral Verlag
Die Fünf »Tibeter«
Sabine Wissmann
Bachäcker 14
D-82396 Fischen

Telefon (Deutschland) – (0) 88 08/9 10 96
Telefax (Deutschland) – (0) 88 08/9 10 59

Die Fünf »Tibeter« für alle Sinne: Ergänzungs- und Vertiefungsmittel

Blue Star u.a.
Die Fünf »Tibeter« – Audio-Set
Musik und Motivation für die täglichen Übungen

2 Musikcassetten je 40 Minuten, Faltposter
ISBN 3-502-25379-X

Inspirierende Musik und motivierende Affirmationen, die den Übenden durch seine tägliche Praxis begleiten.

Wolfgang und Brigitte Gillessen (Hrsg.)
Erfahrungen mit den Fünf »Tibetern«
Neue Einblicke in das alte Geheimnis

180 Seiten, mit zahlreichen Abbildungen
ISBN 3-502-25399-4

Im Nachfolgeband zum Original, der sich der Erforschung des »Tibeter«-Phänomens widmet, berichten kompetente Yogalehrer, Therapeuten und langjährige »Tibeter«-Übende über ihre Erfahrungen.

Brigitte Gillessen
Das Energieprogramm der Fünf »Tibeter«
Kraftvolle Übungen für Körper, Geist und Seele

160 Seiten, mit ca. 18 Abbildungen,
ISBN 3-502-25007-3
(Erscheint Ende September 1997)

Die Heilpraktikerin Brigitte Gillessen erschließt uns mit diesem Buch Mittel und Wege, um innere Blockaden zu lösen und die Energie wieder frei fließen zu lassen.

Maruscha Magyarosy
Intelligenz des Herzens durch die Fünf »Tibeter«
Heilende Aussöhnung mit unserem innersten Wesenskern

191 Seiten, mit zahlreichen Abbildungen
ISBN 3-502-25008-1
(Erscheint Ende September 1997)

Die Yogalehrerin und Körpertherapeutin Maruscha Magyarosy wurde durch ihre persönliche Erfahrung mit den Fünf »Tibetern« auf den Weg der Entdeckung der Intelligenz und Weisheit des Herzens geführt.

Dr. med. Ingfried Hobert
Gesundheit selbst gestalten
Wege der Selbstheilung und die Fünf »Tibeter«. Ein Arzt berichtet

144 Seiten
ISBN 3-502-25411-7

Dr. Hobert – Schulmediziner und Naturheilkundler – wendet die Fünf »Tibeter« seit Jahren zur unterstützenden Behandlung bei vielen Krankheiten und bei der Rekonvaleszenz seiner Patienten mit großem Erfolg an. Drei weitere Ärzte berichten von ihren Erfahrungen.

Christopher Kilham
Lebendiger Yoga
Das Profi-Buch zu den Fünf »Tibetern«
von Peter Kelder

92 Seiten, mit zahlreichen Fotos
ISBN 3-502-25213-0

Die Fünf »Tibeter« für Fortgeschrittene: Yogalehrer Kilham praktiziert die Übungen seit über 20 Jahren und läßt den Leser an seinen umfangreichen Erfahrungen teilhaben. Er beschreibt auch den sechsten Ritus und dessen Wirkung auf die Sexualkraft.

Peter Kelder / Blue Star
Die Fünf »Tibeter« – Medien-Set
Das Energieprogramm

Buch plus 2 MC je 40 Minuten plus Faltposter
ISBN 3-502-25405-2

Die Komplettpackung: Das Originalbuch mit zwei Musikcassetten mit inspirierender Musik und motivierenden Affirmationen.

Hannes Motal
Die Fünf »Tibeter« CD
Musik pur für Bewegung, Tanz und
kreative Entspannung

44 Minuten
ISBN 3-502-25103-7

Die acht Stücke des Wiener Musikers kreieren einen dynamischen Klangraum zum Üben der Fünf »Tibeter«. Aber auch wer sich nur entspannen oder tanzen will, wird mit dem fließenden Rhythmus dieser Musik auf seine Kosten kommen.

Primavera Life
Die Fünf »Tibeter« Duftmischung

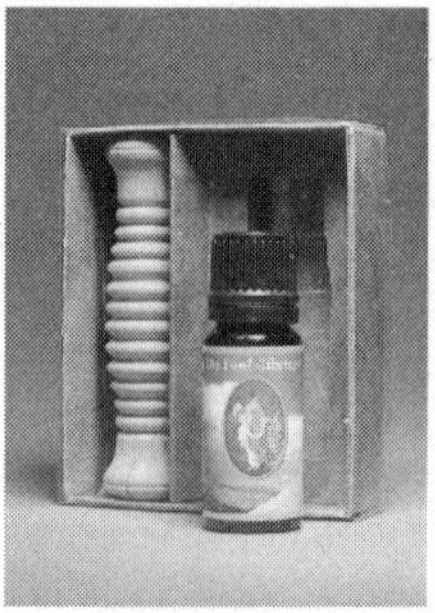

5 ml Fläschchen im Geschenkset mit Massageroller
und Merkblatt
ISBN 3-502-25826-0

Himalaja-Zeder, Bergwacholder, Rhododendron und andere ätherische Öle schaffen ein unterstützendes Duftklima für die Übungen.

Barbara Simonsohn
Die Fünf »Tibeter« mit Kindern
Gesundsein darf Spaß machen!

134 Seiten, mit zahlreichen Fotos und Illustrationen
sowie einer Merktafel für Kinder
ISBN 3-502-25262-9

Die Therapeutin und Seminarleiterin Simonsohn beschreibt, wie Eltern und Kinder gemeinsam üben, wie Kinder motiviert werden und wie Pädagogen die Übungen in ihrer Praxis einsetzen können.

Brigitte Streubel / Maruscha Magyarosy
Die Fünf »Tibeter« ... in Aktion
Das Video zum Bestseller von Peter Kelder

24 Minuten, VHS, Stereo
ISBN 3-502-25307-2

Die Yogalehrerin und Leiterin des Fünf »Tibeter«-Ausbildungsprogramms Maruscha Magyarosy zeigt mit einer ihrer Übungsgruppen langsam und deutlich die authentischen Fünf »Tibeter« und auch die sechste Übung. Außerdem erklärt sie Schritt für Schritt die richtige Atmung und führt Entlastungsübungen für den sensiblen Rücken vor.

Devanando Weise / Jenny Frederiksen
Die Fünf »Tibeter«-Feinschmecker-Küche
Mit 144 Rezepten auf der Basis von Trennkost und mehr

280 Seiten, mit zahlreichen Abbildungen
ISBN 3-502-25126-6

Die Gourmetköche Weise und Frederiksen haben ein Buch über schmackhafte und bekömmliche Vollwertkost geschrieben, das auf den Ernährungsvorschlägen Peter Kelders beruht.

Norbu, Namkhai: *Traum-Yoga. Der tibetische Weg zu Klarheit und Selbsterkenntnis.* O. W. Barth, München
Sogyal, Rinpoche: *Das tibetische Buch vom Leben und vom Sterben. Ein Schlüssel zum tieferen Verständnis von Leben und Tod.* O. W. Barth, München
Funken der Erleuchtung. Buddhistische Weisheit für jeden Tag des Jahres. O. W. Barth, München
Spalding, Baird T.: *Leben und Lehren der Meister im Fernen Osten.* Drei Eichen, Hammelburg
Trungpa, Chögyam: *Das Herz des Buddha. Buddhistische Lebenspraxis im modernen Alltagsleben.* O. W. Barth, München

Meditation

Brunton, Paul: *Der Weg nach Innen.* O. W. Barth, München
Carrington, Patricia: *Das große Buch der Meditation.* O. W. Barth, München
Da Liu: *T'ai Chi und Meditation. Einführung in die Praxis.* Irisiana, München
Dahlke, Rüdiger: *Reisen nach innen. Geführte Meditationen auf dem Weg zu sich selbst.* Irisiana, München
Fontana, David: *Kursbuch Meditation. Alles über die verschiedenen Meditationstechniken und ihre Anwendung.* Scherz, Bern-München
Goldstein, Joseph und Kornfield, Jack: *Einsicht durch Meditation. Ein Meditationshandbuch für die Übung im Alltag.* O. W. Barth, München
Kabat-Zinn, Jon: *Stark aus eigener Kraft. Das umfassende Meditationsprogramm für alle Lebenslagen.* O. W. Barth, München
Gesund durch Meditation. Das große Buch der Selbstheilung. O. W. Barth, München
Kalu, Rinpoche: *Den Pfad des Buddha gehen. Eine Einführung in die meditative Praxis des tibetischen Buddhismus.* O. W. Barth, München
Khema, Ayya: *Das Geheimnis von Leben und Tod.* O. W. Barth, München
Oliver, Lucy: *Meine Insel der Stille. Selbsterkenntnis und Selbstbestimmung durch Meditation.* Integral, München

Yoga, Qi Gong und andere Körper-Geist-Übungen

Avalon, Arthur: *Die Schlangenkraft. Die Entfaltung schöpferischer Kräfte im Menschen.* O. W. Barth, München
Shakti und Shakta. Lehre und Ritual der Tantras. O. W. Barth, München
Bender-Birch, Beryl: *Power Yoga. Fit für das Leben von heute.* Scherz, Bern-München
Chang, Edward C.: *Gesundheit und Fitneß aus dem Reich der Mitte. Klassische chinesische Atem- und Bewegungsübungen für jedermann.* Scherz, Bern-München
Chia, Mantak: *Tao Yoga.* Ansata, Interlaken

Tao Yoga der Liebe. Ansata, Interlaken
Tao Yoga. Eisenhemd Chi Kung. Ansata, Interlaken
Chia, Mantak und Maneewan: *Tao Yoga der inneren Alchemie 1.* Ansata, Interlaken
Tao Yoga der heilenden Liebe. Ansata, Interlaken
Griscom, Chris: *Der Quell des Lebens. Das praktische Körper-Energie-Programm.* Goldmann, München
Hackl, Monnica: *Hui Chun Gong. Die Verjüngungsübungen der chinesischen Kaiser.* Irisiana, München
Die Perle des Hui Chun Gong. Bewegungsübungen zur Verjüngung von Körper und Geist. Irisiana, München
Haich, Elisabeth: *Sexuelle Kraft und Yoga.* Drei Eichen, Hammelburg
Huang, Al: *Lebensschwung durch T'ai Chi.* O. W. Barth, München
Iyengar, B.K.S.: *Licht auf Yoga. Das grundlegende Lehrbuch des Hatha-Yoga.* O. W. Barth, München
Kilham, Christopher: *Lebendige Sexualität. Fit for Love.* Integral, München
Kirschner, M. J.: *Die Kunst, sich selbst zu verjüngen. Yoga für tätige Menschen.* Agis, Baden-Baden
Lysebeth, André van: *Durch Yoga zum eigenen Selbst.* O. W. Barth, München
Magyarosy, Maruscha: *Surya Namaskar. Das andere Fitneß-Rezept.* Laredo, Chieming
Olvedi, Ulli: *Das stille Qi Gong. Vitalisierung und Harmonisierung der Lebenskräfte.* O. W. Barth, München
Schilling, Astrid und Hinterthür, Petra: *Qi Gong. Der fliegende Kranich.* Windpferd, Aitrang

Die Chakren und der Energiekörper

Bek, Lilla und Pullar, Philippa: *Chakra-Energie.* O. W. Barth, München
Bruyere, Rosalyn L.: *Chakras – Räder des Lichts.* Synthesis, Essen
Lambert, William P.: *Die Aura – dein Farbenkleid.* Laredo, Chieming
Mann, John und Short, Lar: *Der feinstoffliche Körper. Einweihung in Theorie und Praxis der Erweckung des Energiekörpers.* Windpferd, Aitrang
Medad, G. R. S.: *Die Lehre vom feinstofflichen Körper in der westlichen Tradition.* Ansata, Interlaken
Monroe, Robert A.: *Der zweite Körper. Astral- und Seelenreisen in ferne Sphären der geistigen Welt.* Ansata, Interlaken
Sanella, Lee: *Kundalini-Erfahrung und die neuen Wissenschaften.* Synthesis, Essen
Sharamon, Shalila und Baginski, Bodo: *Das Chakra-Handbuch.* Windpferd, Aitrang
Tansley, David V.: *Die Aura des Menschen.* Synthesis, Essen

Körperarbeit, Atemtherapie und alternative Heilweisen

Chia, Mantak: *Tao Yoga des Heilens.* Ansata, Interlaken
Chia, Mantak und Maneewan: *Tao Yoga der heilenden Massage.* Ansata, Interlaken
Chopra, Deepak: *Die Körperseele – Grundlagen und praktische Übungen der Ayurveda-Medizin.* Lübbe, Bergisch-Gladbach
Coldwell, Leonard: *Die unbegrenzte Kraft des Unterbewußtseins. Das Erfolgsprogramm für ein erfülltes Leben.* Irisiana, München
Dychtwald, Ken: *KörperBewußtsein.* Synthesis, Essen
Fan Ya-Li: *Chinesische Heilmassage für Kinder.* Ansata, Interlaken
Griscom, Chris: *Der Körper als Ausdruck der Seele. Welche Botschaften und Lehren unser Körper enthält.* Goldmann, München
Die Frequenz der Ekstase. Bewußtseinsentwicklung durch die Kraft des Lichts. Goldmann, München
Iyengar, B. K. S.: *Licht auf Pranayama. Das grundlegende Lehrbuch der Atemschule des Yoga.* O. W. Barth, München
Lysebeth, André van: *Die große Kraft des Atems. Richtig atmen lernen durch Yoga.* O. W. Barth, München
Nakamura, Takashi: *Das große Buch vom richtigen Atmen.* O. W. Barth, München
Orr, Leonard und Halbig, Konrad: *Bewußtes Atmen. Rebirthing.* Goldmann, München
Für die Ewigkeit geboren. Die natürliche Überwindung der Sterblichkeit. Goldmann, München
Shealy, C. Norman und Myss, Caroline M.: *Auch Du kannst Dich heilen. Emotionale, psychische und geistige Faktoren, die Gesundheit und Heilung fördern.* Laredo, Chieming
Simonsohn, Barbara: *Das authentische Reiki. Wirksame Hilfe gegen die körperlichen und seelischen Probleme der heutigen Zeit.* Scherz, Bern-München
Tulku, Tarthang: *Selbstheilung durch Entspannung. Die alte Heilkunde der Tibeter für den Westen nutzbar gemacht.* O. W. Barth, München

Körperarbeit, Atemtherapie und alternative Heilweisen

Chia, Mantak: *Tao Yoga des Heilens.* Ansata, Interlaken
Chia, Mantak und Maneewan: *Tao Yoga der heilenden Massage.* Ansata, Interlaken
Chopra, Deepak: *Die Körperseele – Grundlagen und praktische Übungen der Ayurveda-Medizin.* Lübbe, Bergisch-Gladbach
Coldwell, Leonard: *Die unbegrenzte Kraft des Unterbewußtseins. Das Erfolgsprogramm für ein erfülltes Leben.* Irisiana, München
Dychtwald, Ken: *KörperBewußtsein.* Synthesis, Essen
Fan Ya-Li: *Chinesische Heilmassage für Kinder.* Ansata, Interlaken
Griscom, Chris: *Der Körper als Ausdruck der Seele. Welche Botschaften und Lehren unser Körper enthält.* Goldmann, München
Die Frequenz der Ekstase. Bewußtseinsentwicklung durch die Kraft des Lichts. Goldmann, München
Iyengar, B. K. S.: *Licht auf Pranayama. Das grundlegende Lehrbuch der Atemschule des Yoga.* O. W. Barth, München
Lysebeth, André van: *Die große Kraft des Atems. Richtig atmen lernen durch Yoga.* O. W. Barth, München
Nakamura, Takashi: *Das große Buch vom richtigen Atmen.* O. W. Barth, München
Orr, Leonard und Halbig, Konrad: *Bewußtes Atmen. Rebirthing.* Goldmann, München
Für die Ewigkeit geboren. Die natürliche Überwindung der Sterblichkeit. Goldmann, München
Shealy, C. Norman und Myss, Caroline M.: *Auch Du kannst Dich heilen. Emotionale, psychische und geistige Faktoren, die Gesundheit und Heilung fördern.* Laredo, Chieming
Tulku, Tarthang: *Selbstheilung durch Entspannung. Die alte Heilkunde der Tibeter für den Westen nutzbar gemacht.* O. W. Barth, München

Die Fünf »Tibeter«®

1. Stehen. Und drehen.

Zum Schluß: Hände zusammen
(auf Daumen schauen)
Kann auch als letzte
Übung praktiziert werden.

2. Liegen. Kopf und Beine heben.

Ganzen Rücken am Boden!
Evtl. Hände unter Gesäß,
Knie zeitweise angewinkelt.

3. Knien. Behutsam nach hinten beugen.

Zehen aufstellen. Immer erst Nacken strecken
und Kinn zur Brust. Abschluß: evtl. «Embryo».

4. Aufrecht sitzen. Körper zu einer «Brücke» anheben.

Immer erst Nacken strecken
und Kinn zur Brust.

5. Liegen, aufstützen. Das Becken hochheben.

Gesäßmuskeln anspannen.
(Rutschfester Untergrund!)

Diese Merkkarte erinnert Sie an das tiefe Atmen und das leichte Üben. Sie will Ihnen den Anfang erleichtern und ersetzt keinesfalls die ausführlichen Anleitungen in Peter Kelders Buch *Die Fünf »Tibeter«*. – Geben Sie sich Spiel-Raum und genügend Zeit, um sich Ihr Energieprogramm solide aufzubauen. Zu Anfang jede Übung nur drei Mal. Vor den Erfolg haben die Götter die Achtsamkeit gesetzt ...

Willkommen – in *Ihrem* «Himalaja-Klub»!

Sie haben *Die Fünf »Tibeter«* mit Interesse gelesen und für sich entdeckt. Sie haben inzwischen Erfahrungen mit diesen Übungsriten gemacht. Sie dachten auch schon daran, wie es wäre, mit anderen Entdeckern und Entdeckerinnen *Erfahrungen auszutauschen.* Oder die Übungen in einem Kreis mit weiteren Interessierten auch *gemeinsam zu praktizieren.* Es macht Ihnen Freude zu teilen.

Dann geben Sie Ihr «Geheimnis» weiter – organisieren Sie jetzt Ihre Übungsrunde, gründen Sie dort, wo Sie leben, ganz zwanglos einen «Himalaja-Klub». Sie haben viel zu geben.

Sie werden überrascht sein, wie viele nur auf Ihren Anstoß warten. Hören Sie sich um – in Ihrem Bekanntenkreis, Ihrer Nachbarschaft, im Sportverein, am Arbeitsplatz. Sagen Sie es anderen weiter, die es wieder anderen weitersagen …

Oder geben Sie zum Beispiel folgende Kleinanzeige auf:

> **Wollen Sie spüren, welche Energie** in Ihnen steckt? Möchten Sie jünger werden? Oder sich einfach richtig gesund fühlen? Weitere Interessierte für «Himalaja-Klub» in ………… gesucht. Regelmäßige Treffen zu einfachen, wirkungsvollen Übungen nach Peter Kelder: Die Fünf »Tibeter«. Sie werden über sich staunen! Zuschriften Chiffre …

Mögen die aufgezeigten Möglichkeiten Ihr Leben reicher machen und Sie Ihrem Lebensziel ein schönes Stück näher bringen.

Ihr Integral Verlag